Ensino e Pesquisa em Administração

Dados Internacionais de Catalogação na Publicação (CIP)
(Câmara Brasileira do Livro, SP, Brasil)

Bertero, Carlos Osmar
  Ensino e pesquisa em administração / Carlos
Osmar Bertero. – São Paulo: Cengage Learning, 2006.
  – (Coleção debates em administração / coordenadores
Isabella F. Gouveia de Vasconcelos, Flávio Carvalho
Vasconcelos; coordenador-assistente André Ofenhejm
Mascarenhas)

Bibliografia.
ISBN 978-85-221-0531-1

  1. Administração - Estudo e ensino 2. Administração
- Pesquisa I. Vasconcelos, Isabella F. Gouveia de.
II. Vasconcelos, Flávio Carvalho de. III. Mascarenhas,
André Ofenhejm. IV. Título. V. Série.

06-3930   CDD-658.007

Índice para catálogo sistemático:
1. Administração: Ensino e Pesquisa 658.007

COLEÇÃO DEBATES EM ADMINISTRAÇÃO

Ensino e Pesquisa em Administração

Carlos Osmar Bertero

Coordenadores da coleção
Isabella F. Gouveia de Vasconcelos
Flavio de Vasconcelos

Coordenador-assistente
André Ofenhejm Mascarenhas

Austrália • Brasil • México • Cingapura • Reino Unido • Estados Unidos

Ensino e pesquisa em administração	© 2006 Cengage Learning Edições Ltda.
Carlos Osmar Bertero	Todos os direitos reservados. Nenhuma parte deste livro poderá ser reproduzida, sejam quais forem os meios empregados, sem a permissão, por escrito, da Editora.
Gerente Editorial: Patricia La Rosa	Aos infratores aplicam-se as sanções previstas nos artigos 102, 104, 106 e 107 da Lei nº 9.610, de 19 de fevereiro de 1998.
Editora de Desenvolvimento: Lígia Cosmo Cantarelli	
Supervisor de Produção Editorial: Fábio Gonçalves	Esta editora empenhou-se em contatar os responsáveis pelos direitos autorais de todas as imagens e de outros materiais utilizados neste livro. Se porventura for constatada a omissão involuntária na identificação de algum deles, dispomo-nos a efetuar, futuramente, os possíveis acertos.
Supervisora de Produção Gráfica: Fabiana Alencar Albuquerque	
Copidesque: Maria Alice da Costa	
Revisão: Elaine Ferrari de Almeida	A editora não se responsabiliza pelo funcionamento dos links contidos neste livro que possam estar suspensos.
Composição: ERJ – Composição Editorial e Artes Gráficas Ltda.	
Capa: Eliana Del Bianco Alves	Para informações sobre nossos produtos, entre em contato pelo telefone **0800 11 19 39**
	Para permissão de uso de material desta obra, envie seu pedido para **direitosautorais@cengage.com**
	© 2006 Cengage Learning. Todos os direitos reservados.
	ISBN 13: 978-85-221-0531-1
	ISBN 10: 85-221-0531-6
	Cengage Learning Condomínio E-Business Park Rua Werner Siemens, 111 – Prédio 11 – Torre A – Conjunto 12 Lapa de Baixo – CEP 05069-900 – São Paulo – SP Tel.: (11) 3665-9900 – Fax: (11) 3665-9901 SAC: 0800 11 19 39
Impresso no Brasil *Printed in Brazil*	Para suas soluções de curso e aprendizado, visite **www.cengage.com.br**

apresentação

Debates em Administraçao

> E o fim de nosso caminho será voltarmos
> ao ponto de partida e percebermos o mundo
> à nossa volta como se fosse a primeira vez
> que o observássemos.
> *T. S. Elliot (adaptação)*

O conhecimento transforma. A partir da leitura, vamos em certa direção com curiosidade intelectual, buscando descobrir mais sobre dado assunto. Quando terminamos o nosso percurso, estamos diferentes. Pois, o que descobrimos em nosso caminho freqüentemente abre horizontes, destrói preconceitos, cria alternativas que antes não vislumbrávamos. As pessoas à nossa volta permanecem as mesmas, mas a nossa percepção pode se modificar a partir da descoberta de novas perspectivas.

O objetivo desta coleção de caráter acadêmico é introduzir o leitor a um tema específico da área de administração, fornecendo desde as primeiras indicações para a compreensão do assunto até as fontes de pesquisa para aprofundamento.

Assim, à medida que for lendo, o leitor entrará em contato com os primeiros conceitos sobre dado tema, tendo em vista diferentes abordagens teóricas, e, nos capítulos posteriores, brevemente, serão apresentadas as principais correntes sobre o tema – as mais importantes – e o leitor terá, no final de cada exemplar, acesso aos principais artigos sobre o assunto, com um breve comentário, e indicações bibliográficas para pesquisa, a fim de que possa continuar a sua descoberta intelectual.

Esta coleção denomina-se **Debates em Administração**, pois serão apresentadas sucintamente as principais abordagens referentes a cada tema, permitindo ao leitor escolher em qual se aprofundar. Ou seja, o leitor descobrirá quais são as direções de pesquisa mais importantes sobre determinado assunto, em que aspectos estas se diferenciam em suas proposições e logo qual caminho percorrer, dadas suas expectativas e interesses.

Debates em Administração deve-se ao fato de que os organizadores acreditam que, do contraditório e do conhecimento de diferentes perspectivas, nasce a possibilidade de escolha e o prazer da descoberta intelectual. A inovação em determinado assunto vem do fato de se ter acesso a perspectivas diversas. Portanto, a coleção visa suprir um espaço no mercado editorial relativo à pesquisa e à iniciação à pesquisa.

Observou-se que os alunos de graduação, na realização de seus projetos de fim de curso, sentem necessidade de bibliografia específica por tema de trabalho para adquirir uma primeira referência do assunto a ser pesquisado e indicações para aprofundamento. Alunos de iniciação científica, bem como executivos que voltam a estudar em cursos *lato sensu* – especialização – e que devem ao fim do curso entregar um trabalho, sentem a mesma dificuldade em mapear as principais correntes que tratam de um tema importante na área de administração e encontrar indicações de livros, artigos e trabalhos relevantes na área que possam servir de base para seu trabalho e aprofundamento de idéias. Essas mesmas razões são válidas para alunos de mestrado *strictu sensu*, seja acadêmico ou profissional.

A fim de atender a este público diverso, mas com uma necessidade comum – acesso a fontes de pesquisa confiáveis, por tema de pesquisa – surgiu a idéia desta coleção.

A idéia que embasa **Debates em Administração** é a de que não existe dicotomia teoria-prática em uma boa pesquisa. As teorias, em administração, são construídas a partir de estudos qualitativos, quantitativos e mistos que analisam e observam a prática de gestão nas organizações. As práticas de gestão, seja nos estudos estatísticos ou nos estudos qualitativos ou mistos – têm como base as teorias, que buscam compreender e explicar essas práticas. Por sua vez, a compreensão das teorias permite esclarecer a prática. A pesquisa também busca destruir preconceitos e "achismos".

Muitas vezes, as pesquisas mostram que nossas opiniões preliminares ou "achismos" baseados em experiência individual estavam errados. Assim, pesquisas consistentes, fundamentadas em sólida metodologia, possibilitam uma prática mais consciente, com base em informações relevantes.

Em pesquisa, outro fenômeno ocorre: a abertura de uma porta nos faz abrir outras portas – ou seja – a descoberta de um tema, com a riqueza que este revela, leva o pesquisador a desejar se aprofundar cada vez mais nos assuntos de seu interesse, em um aprofundamento contínuo e na consciência de que aprender é um processo, uma jornada, sem destino final.

Pragmaticamente, no entanto, o pesquisador, por mais que deseje aprofundamento no seu tema, deve saber em que momento parar e finalizar um trabalho ou um projeto, que constituem uma etapa de seu caminho de descobertas.

A coleção **Debates em Administração**, ao oferecer o "mapa da mina" em pesquisa sobre determinado assunto, direciona esforços e iniciativa e evita que o pesquisador iniciante perca tempo, pois, em cada livro, serão oferecidas e comentadas as principais fontes que permitirão aos pesquisadores, alunos de graduação, especialização, mestrado profissional ou acadêmico produzirem um conhecimento consistente no seu âmbito de interesse.

Os temas serão selecionados entre os mais relevantes da área de administração.

Finalmente, gostaríamos de ressaltar o ideal que inspira esta coleção: a difusão social do conhecimento acadêmico. Para tanto, acadêmicos reconhecidos em nosso meio e que mostraram excelência em certo campo do conhecimento serão convidados a difundir esse conhecimento para o grande público. Por isso, gostaríamos de ressaltar o preço acessível de cada livro, coerente com o nosso objetivo.

O primeiro livro, *Ensino e Pesquisa em Administração*, escrito pelo professor Carlos Osmar Bertero, reflete bem o espírito de nosso trabalho, ao fazer uma retrospectiva histórica do ensino e da pesquisa em nosso país, permitindo ao leitor compreender a evolução de nosso campo de estudos e perceber que ensino e pesquisa são atividades relevantes e complementares.

Desejamos ao leitor uma agradável leitura e que muitas descobertas frutíferas se realizem em seu percurso intelectual.

Isabella F. Gouveia de Vasconcelos
Flavio Carvalho de Vasconcelos
André Ofenhejm Mascarenhas

SUMÁRIO

1. Resgate Histórico do Ensino em Administração 1

2. A Formação de Administradores 35

3. A Expansão da Pós-graduação 67

4. A Pesquisa em Administração 95

5. Conclusão e Perspectivas 117

Referências Bibliográficas 133

SUMÁRIO

capítulo 1

Resgate Histórico do Ensino em Administração

Nenhuma área de ensino assumiu tamanha dimensão em nosso país como a de administração em suas diversas opções de empresas pública e privada, que, por sua vez, acabam se desdobrando em especificidades funcionais e de setores, como marketing, finanças, hospitais, turismo, pequenas e médias empresas, e assim interminavelmente. Também se tornou a área preferida para a nova modalidade que são os cursos seqüenciais. Está entre as que registram maior número de matrículas na graduação, e isso sem considerar a expansão da pós-graduação em mestrado e doutorado e da especialização, incluindo cursos *lato sensu* e ainda o imenso campo da educação executiva.

A escolarização da administração, ou seja, o fato de se tomá-la como um conjunto de conhecimentos e habilidades que são ensinados no sistema escolar e que podem ser ensinados e apreendidos, é relativamente recente. Embora a administração enquanto atividade humana se perca nas brumas dos séculos, há pouco tempo se cogitou que fosse objeto de escolarização e ainda mais no interior da universidade.

O início ocorreu nos Estados Unidos ou na França. Ambos os países reivindicam o início do curso de administração de negócios no final do século XIX. Nos Estados Unidos, na Wharton School, e na França, na École des Hautes Études Comerciales (HEC). No entanto, foi nos Estados Unidos que a educação em administração se instalou na universidade. Na Europa, a resistência a escolas de administração no interior da secular universidade só foi superada depois do final da Segunda Guerra Mundial. Nos Estados Unidos, as *business schools* surgem ora como desdobramentos dos departamentos mais tradicionais de economia, ora já como novas escolas no interior dos *campi* universitários. Naquele país, desde o início as universidades mais tradicionais e prestigiadas tentam obter um diferencial para as novas escolas. Uma solução foi colocar os programas de administração de empresas na *graduate school*, ou seja, como cursos de pós-graduação, conferindo-lhes a condição de mestrados profissionais. Essa é a origem do até hoje reputado Master of Business Administration (MBA).

Porém, não foi apenas na *graduate school* que os cursos de administração de empresas se instalaram. Naquele país houve também grande expansão dos cursos de graduação. Inicialmente, as grandes universidades mantinham programas em ambos os níveis. Tinham o curso de graduação, via de regra, em quatro anos, e depois o MBA, em dois anos em regime de tempo integral e com os alunos residindo no câmpus universitário. Em seguida, passou-se a oferecer doutorados em administração, Doctor of Business Administration (DBA), em algumas universidades, ou Doctor of Commercial Sciences (DCS), apenas em Harvard. Posteriormente, esses títulos foram abolidos e para o doutorado em administração acabou adotando-se o tradicional Philosophy Doctor (Ph.D), como ocorria em muitas outras áreas. Mas, rapidamente, as universidades de maior prestígio acabaram encerrando seus cursos de graduação e fazendo da administração apenas objeto da *graduate school*. Todavia, as universidades de menor prestígio e produção científica, bem como os *junior* e *community colleges*, até hoje oferecem curso de administração em nível de graduação.

Cabe destacar que a administração pública teve gênese ligeiramente diversa. Sua origem foi nos departamentos de *government*, nome que, na universidade norte-americana, designava um conjunto de disciplinas que incluía a sociologia política, posteriormente a ciência política, a história americana e o direito público e constitucional e a organização do governo, especialmente o nível federal. Pode-se perceber que se tratava de programas que preparavam para o exercício de carreiras no funcionalismo público, não só federal, mas também nos estados e governos locais. Assim, surgiram os primeiros departamentos e, depois, as escolas de administração pública ou *public affairs* nos Estados Unidos. Bem diferente em termos de inspiração, origens institucionais e objetivos do que aconteceu com as *business school*.

O crescimento do ensino de administração coincide com o aumento da importância dos Estados Unidos no século XX, quando se consolidam como superpotência. Esse fato tem importância, especialmente para a área de administração de empresas, na medida em que o que mundialmente se reconhece como *management* é visto como, em grande parte, uma criação norte-americana. Isso não impediu que posteriormente outros países contribuíssem para o desenvolvimento da administração de negócios, mas, ainda hoje, pelo menos dois terços da produção científica são de autores norte-americanos e o impacto sobre o ensino é simplesmente impressionante. Livros-texto e casos para o ensino de administração escritos nos Estados Unidos acabam por ser traduzidos em diversas línguas e são mundialmente adotados. Hoje, isso transcende os limites da cultura ocidental, atingindo a Ásia, principalmente China, Índia, Paquistão, Japão, Coréia e Taiwan, para mencionar os países de maior expressão no ensino de administração de negócios.

As raízes norte-americanas da administração em geral e da administração de empresas ou de negócios em particular é relevante para o entendimento do início do ensino de administração em nosso país. Curiosamente, o Brasil é dos primeiros países, além dos Estados Unidos, a escolarizar a administração, criando relativamente cedo escolas, cursos, departamentos e faculdades de administração. O movimento pioneiro começa em São Paulo, para a administração de negócios, e no Rio de Janeiro, para a administração pública.

O estabelecimento de programas de administração se faz depois do término da Segunda Guerra Mundial, quando o mundo vivia momentos de grande otimismo com relação ao futuro. A perspectiva era de que todos os problemas da humanidade seriam solucionados pelo desenvolvimento econômico, que traria no seu bojo também o desenvolvimento social e político. E pensava-se que isso se daria rapidamente. Os vencedores da guerra constroem um quadro institucional internacional, centrado na Organização das Nações Unidas e nos diversos organismos e agências que a integram, como o Banco Mundial, FMI, Unesco, FAO, OMS, OIT etc., que teria como missão organizar a "paz entre as nações" e promover o desenvolvimento e o enriquecimento.

A "nova ordem" implicava "modernizar" tanto o aparato administrativo público como o do mundo empresarial privado. O Brasil, a partir de 1930, alinha-se de maneira gradual, porém consistente, com os Estados Unidos. Entra na Segunda Guerra Mundial do lado aliado, depois de um período de ambivalências, e o chanceler brasileiro, Oswaldo Aranha, é o primeiro presidente da Assembléia Geral das Nações Unidas, quando esta se instala em São Francisco. Não resta dúvida de que a administração chega ao Brasil em um momento de expansão da influência norte-americana, seja diretamente, seja pela capacidade norte-americana de influenciar, às vezes decisivamente, organismos internacionais.

O ensino de administração pública começa no Rio de Janeiro com a criação da Escola Brasileira de Administração Pública

(Ebap), no âmbito da Fundação Getulio Vargas e com assistência técnica da Organização das Nações Unidas. Ao abrigar a primeira escola de administração pública, a Fundação Getulio Vargas, fundada em 1944, mantinha-se fiel a seus objetivos. Criada como parte de um esforço de reforma do serviço público federal brasileiro, durante o primeiro governo de Getúlio Vargas, a FGV alinhava-se com as tendências dos novos tempos de que a administração pública deveria abandonar seu aspecto patrimonialista e prebendário, herança de nossa formação, e adentrar uma mentalidade de serviço público. Isso significa que o Estado está obrigado a prestar serviços a seus cidadãos, pelos quais estes pagam compulsória e antecipadamente. Na mesma linha de raciocínio, se a sociedade se moderniza, como o Brasil pretendia modernizar-se econômica e socialmente, o Estado e o governo não podiam permanecer em uma condição pré-moderna. A Ebap teve seu currículo inicialmente direcionado para a consecução desses objetivos, sendo um centro importante para a formação de profissionais de administração pública. A reforma administrativa do serviço público entre nós erigiu como ponto de partida a criação de um sistema de mérito, no qual cargos no serviço público teriam de ser preenchidos por profissionais dotados de competência, comprovada por escolarização e experiência testadas em concursos públicos de títulos e provas.

O currículo da Ebap, inicialmente apenas para curso de graduação, incluía formação básica em ciências sociais (sociologia, ciência política, psicologia, economia, direito público e algumas matérias instrumentais, como contabilidade, matemática, estatística), seguida de disciplinas funcionais de administração. O quadro institucional e a necessidade de reformar o serviço público federal, adequando-o às demandas de uma sociedade que se transformava rapidamente, permeavam o currículo em sua inteireza. Posteriormente, a Ebap desenvolveu outros programas de pós-graduação e, depois de um longo e fecundo itinerário, acabou por expandir suas atividades incorporando também o ensino de administração de empresas, o que implicou na alteração do próprio nome, que passou a ser Escola Brasileira de Administração Pública e de Empresas (Ebape).

O ensino de administração de empresas ou de negócios começou em São Paulo. Pouco lembrada, dada a importância assumida pela Escola de Administração de Empresas de São Paulo da Fundação Getulio Vargas (Eaesp), foi a iniciativa anterior do padre Roberto de Sabóia de Medeiros, um jesuíta, que iniciou a Escola Superior de Administração de Negócios (Esan), ainda no final da década de 1940, calcada em seu conhecimento e contato com a Harvard Business School. Além da Esan, o jesuíta criou a Faculdade de Engenharia Industrial (FEI) e a entidade mantenedora que até hoje abriga, além dessas duas escolas, outras instituições de ensino, que é a Fundação de Ciências Aplicadas (FCA). Dentro do espírito da época, o lema da FCA, e que animou a criação da Esan, era de que a educação deveria ser um caminho e um instrumento para o desenvolvimento.

A Eaesp da Fundação Getulio Vargas iniciou suas atividades em São Paulo, em 1954, como parte de um acordo entre a FGV e o governo federal brasileiro, de um lado, e o governo norte-americano e a Michigan State University, de outro. Se o Rio de Janeiro fora escolhido para implantar a Ebap, sendo então a capital do país, entendia-se perfeitamente a escolha de São Paulo para a escola de administração de negócios, pelo fato de a cidade já despontar como o foco do crescimento econômico nacional e com base eminentemente industrial.

A universidade norte-americana enviou ao Brasil, como era hábito na época, uma missão universitária que aqui permaneceu pouco mais de dez anos, implantando a nova escola. A Eaesp começou com um programa de educação executiva, voltado a profissionais de administração. Em seguida, veio o curso de graduação, cuja primeira turma se graduou no início da década de 1960, e, posteriormente, a pós-graduação. O currículo da Eaesp merece uma nota pelo impacto que exerceu como modelo para os cursos de graduação, que depois se difundiram por todo o país. Com quatro anos de duração, os dois primeiros eram dedicados a disciplinas propedêuticas e instrumentais, e os dois restantes a disciplinas funcionais de administração de negócios. Mas o interessante é que as disciplinas consideradas propedêuticas eram predominantemente as ciências sociais. Isso indica o compromisso com a modernização da administração de empresas, e aponta, igualmente, o prestígio e o compromisso das ciências sociais, também recentemente chegadas ao Brasil, com o processo de mudança que o país atravessava. A sociologia, a ciência política, a psicologia, o direito constitucional, de contratos, tributário e trabalhista e a economia forneceriam o referencial no interior do qual o administrador de empresas deveria centrar sua formação e sua atuação futuras. Os dois anos finais ensinavam administração em suas várias áreas funcionais (finanças, marketing, contabilidade gerencial, administração de pessoal, vendas, produção etc.). À época, o ensino de administração era voltado à especialização e não se falava ainda em multifuncionalidade ou em administradores generalistas. Isso ocorreria 30 anos depois.

Simultaneamente a Universidade de São Paulo também se posiciona a fim de iniciar seu curso de administração. Na década de 1940 se criara a Faculdade de Ciências Econômicas e Administrativas, que também incluía contabilidade. Contudo, a criação estava ligada claramente à área de economia, tendo a administração um papel caudatário. Foi no final dos anos 1950 e início dos anos 1960 que se decide por fortalecer a área de administração com a implantação de um curso de graduação. Não se falavam em departamentos, mas em cátedras, unidade básica da universidade brasileira, até que a reforma universitária de 1969 as aboliu, instituindo os departamentos.

A criação do que viria a ser o futuro Departamento de Administração da unidade da USP, hoje conhecida como Faculdade de Economia, Administração e Contabilidade, deveu muito a dois professores que tinham raízes na Escola Politécnica da mesma universidade, Ruy Aguiar da Silva Leme e Sergio Batista Zacarelli. As raízes politécnicas poderiam sugerir uma grande propensão a que o novo departamento fosse marcado pelo conteúdo da engenharia de produção. Isso não ocorreu. O projeto da USP foi abrangente em termos de conteúdo em sua época e não muito diverso do da Eaesp, pois Ruy Leme estudou cuidadosamente o desenvolvimento da área em instituições norte-americanas. Dessa forma, as duas escolas paulistas acabaram por abeberar-se na mesma fonte norte-americana.

Os grandes eixos para a formação do administrador que nortearam os primeiros cursos de graduação implantados foram o *embasamento nas ciências sociais* e a ênfase na *administração como profissão modernizadora*. Com relação ao embasamento nas ciências sociais, verifica-se que até hoje são colocadas em nosso sistema educacional como uma ciência social aplicada. Para que se entenda por que as ciências sociais foram consideradas suficientemente importantes para ser indispensáveis à formação do administrador tanto público como de negócios, faz-se necessário retornar à introdução das ciências sociais no Brasil.

As ciências sociais já haviam conquistado um lugar há algum tempo nas universidades européias e norte-americanas ao redor de 1930. Chegam, então, ao Brasil, coincidindo sua chegada com profundas transformações que passam a ocorrer em nosso país. O Brasil aumenta a consciência de seu atraso, não apenas em comparação com a Europa, mas com os Estados Unidos, que passaram a ser a crescente referência comparativa, e mesmo com outros países latino-americanos, como o Chile e a Argentina. A aceitação de nosso atraso com relação à Europa, especificamente França e Inglaterra, pareceria mais aceitável quando se falava na secular existência daqueles países e em nossa juventude. O mesmo argumento passa a ser particularmente doloroso quando a comparação passa a ser feita com os Estados Unidos, tão jovens como nós e que já ascenderam à condição de potência mundial.

Dessa forma, as ciências sociais, incluindo a economia, passam a ser buscadas como uma nova maneira de se entender o país e suas peculiaridades, leia-se, o seu atraso relativo, e também para fornecimento de instrumentos e indicação de caminhos para que passássemos ao nível dos países desenvolvidos. O entendimento de nossa realidade nacional e do contexto em que o administrador exerce sua profissão é a sociedade. Assim, ciências como a sociologia, a antropologia, a economia, a ciência política e alguns ramos do direito passam a ser vistas como indispensáveis. O que se queria evitar com essa formação é que o curso de graduação em administração se tornasse pura instrumentalidade, ou apenas um conjunto de técnicas vinculadas às diversas áreas funcionais, sem a devida consciência da importância da atividade e da profissão de administrador para o país.

As ciências sociais traziam também para o Brasil a marca de origem que tiveram na Europa – forma de entendimento, mas também instrumento que permitisse construir uma "nova ordem" diante das avassaladoras mudanças que haviam sido precipitadas pelas grandes transformações políticas, econômicas e sociais que atingiram a Europa ocidental a partir do final do século XVIII. Não se pode esquecer que as ciências sociais nascem de um angustiado choque com a situação européia que se propõem reconstruir. Isso explica o caráter messiânico de algumas concepções, particularmente claras nos vários matizes de socialismo, mas que também não se encontra ausente das concepções liberais. A interpretação da realidade social brasileira, especialmente a explicação de nosso subdesenvolvimento, foi levada adiante por vários cientistas sociais, como Celso Furtado, Caio Prado Júnior, Florestan Fernandes, Fernando Henrique

Cardoso, Octavio Ianni e Hélio Jaguaribe. Os textos desses autores foram referências importantes para a formação das primeiras turmas de administradores.

É importante retomar esses inícios no momento em que a própria presença de ciências sociais no currículo de administração começa a suscitar debates. Há quem desejaria que alguma sociologia fosse trocada, possivelmente, por mais tecnologia de informação e logística de operações. Isso está a indicar certamente que os tempos mudaram e, com eles, a expectativa com relação à formação de administradores e também o papel a ser desempenhado pelas ciências sociais.

O outro eixo foi o da profissionalização, envolvendo a profissão de administrador como modernizadora. A proposta de que cursos de graduação em administração deveriam formar administradores profissionais, inclusive para a área empresarial privada, soava como novidade nos anos 1950 e 1960. A carreira de administrador público ainda era mais familiar na medida em que o Estado e o governo não possuem dono. Já, em se tratando de administrar empresas privadas, entendia-se que tal atribuição fosse dos proprietários. Isso se reforçava pelo fato de a atividade empresarial em nosso país ser relativamente modesta, quando comparada com a existente nos países mais desenvolvidos economicamente. Administrar uma empresa era algo que se entendia que coubesse a herdeiros que o fariam independentemente de suas capacitações ou de ser profissionais de administração. Para entender a proposta e a posterior aceitação de administradores profissionais no Brasil, é necessário compreender a origem da idéia e depois ver como ela acabou se legitimando entre nós.

A origem do administrador profissional de empresas está nos Estados Unidos. O clássico de Berle e Means (1932) indicava que, no final da década de 1920, as maiores sociedades anônimas daquele país já eram dirigidas por profissionais de administração e não por seus acionistas. A isso se deu o nome de *management run corporation*, que nasceu da fragmentação do capital. A sociedade anônima norte-americana, por diversas razões, acabou por fragmentar seu capital, de maneira que não existia um acionista ou grupo de acionistas que se articulasse a fim de controlar a empresa, influenciando sua estratégia e indicando membros para o conselho de administração e para a diretoria executiva. Isso fez que os profissionais de administração (*management*) assumissem peculiar importância e papel social naquele país. Passou a ser um grupo que, de fato, controlava a empresa. Isso implicava não só em formular estratégias, mas implementá-las e operar a empresa, chegando-se a controlar a assembléia geral de acionistas e permitindo-se que influenciassem o processo sucessório, o que criava freqüentemente a peculiar situação de que esse grupo indicava seus sucessores. Concordemos que, mesmo em regimes tradicionais monárquicos, nem sempre os ungidos conseguem fazer seus sucessores. Ora, no universo das grandes corporações norte-americanas, isso aconteceu e ainda acontece com razoável freqüência. Todos sabem que Jack Welch e Alfred Sloan Jr. não eram donos nem acionistas expressivos da General Electric e da General Motors, entretanto, socialmente, transmitiram a imagem e os feitos de que as empresas lhes pertenciam. Socialmente, o nível de renda, o *status* e o prestígio conferidos a *top managers* permitem que estes sejam considerados um estamento social.

A partir dessa realidade empresarial e de suas necessidades de governança, entende-se a escolarização da administração naquele país e a formação de profissionais de administração destinados a essa importante carreira. Essa lógica explica os cursos de MBA como *professional degrees* e o fato de as escolas de maior prestígio, à semelhança de certas antigas escolas e academias, passarem a formar os quadros dirigentes das grandes corporações. Ajuda também a explicar a grande atração exercida por cursos de MBA das grandes *business schools* sobre boa parte dos jovens que muito se sacrificam, ainda hoje, para poder sair com o título e assim ver abrirem-se as portas para ingresso em um mundo corporativo que imaginam promissor. Desde o século passado até hoje, essas expectativas vêm sendo atendidas para grande parte dos profissionais de administração naquele país.

Esse modelo, que na sua raiz tem a fragmentação do capital acionário das empresas, não se expandiu para outras nações e economias. Na verdade, muitas nações européias possuem empresas sob controle familiar ou de pequeno número de acionistas. Na América Latina, isso também é verdade. E, na Ásia, os *tycoons* sobrevivem e, freqüentemente, o sistema de *cross shareholding* é uma forma de ocultar um grande magnata ou pequenos grupos ou famílias proprietárias. O motivo da difusão do profissional de administração nessas outras economias ligou-se à competência que demandaria profissionalização com treinamento escolarizado e também ao fato de que o tamanho das empresas bem-sucedidas impossibilitava que fossem dirigidas apenas pelos poucos acionistas que as controlavam.

Foi essa a lógica da difusão e legitimação do profissional de administração de empresas em nosso país, ou seja, o aumento do tamanho das empresas, impossibilitando os proprietários de continuar a dirigi-las sem o concurso de profissionais capacitados. Adicione-se também o aumento da competitividade, que ampliou as exigências por desempenho, tornando o administrar um conjunto de técnicas a requerer um conhecimento que estivesse além do obtido com a experiência e o recurso ao bom senso.

O Brasil só passa a ter grandes empresas a partir da segunda metade do século passado. A maior empresa brasileira, desde o início do século até a sua metade, foi a IRF Matarazzo, que, em 1903, tinha pouco mais de 3 mil empregados. Grandes empresas estatais começam a surgir no país a partir da Era Vargas, o que nos coloca nas décadas de 1930 e 1940. Para as subsidiárias de multinacionais, a situação não era diferente. A maioria das subsidiárias brasileiras era relativamente pequena até meados do século passado. Foi apenas com o crescimento demográfico do país, acompanhado por taxas expressivas de crescimento econômico que se sustentaram até a década de 1980, que as subsidiárias passaram também a ter tamanho expressivo.

Os novos tempos, ainda, tornaram problemática a legitimação de administradores e líderes empresariais apenas por ser herdeiros. Exigia-se, além disso, uma escolaridade da legitimação, e as escolas e cursos de administração passaram a ser um caminho que foi se impondo. Isso explica por que herdeiros são encontrados nas primeiras turmas que se formam nos primeiros cursos de graduação instalados, especialmente em escolas de primeira linha, como a Fundação Getulio Vargas e a Universidade de São Paulo.

E deve-se reforçar o entendimento de que o administrador profissional de empresas estava associado à imagem da modernidade, da mudança e do alinhamento do país com as nações que se modernizavam e passariam a ser o Primeiro Mundo de amanhã.

Dentre as transformações que marcaram o país, durante o século passado, a urbanização e o crescimento da classe média urbana merecem destaque. O Brasil no início do século XX era uma nação predominantemente rural, com 75% de sua população no campo. Em 1980, o quadro inverteu-se e a população urbanizada era de aproximadamente 75%. O aumento de população urbana gera grande pressão de demanda sobre serviços urbanos. A educação foi um desses serviços cuja demanda explodiu. O Estado brasileiro, ou seja, no nível da União, de estados ou municípios, atendeu precariamente à expansão da demanda por educação, especialmente no terceiro grau. Isso é fundamental para entender-se a grande expansão que, na segunda metade do século XX, o ensino privado conheceu, principalmente no terceiro grau.

No Quadro 1.1, a seguir, é possível verificar, em números, o cenário da população rural e urbana a partir da década de 1940.

Quadro 1.1 População urbana e rural

	Total		Urbana		Rural	
Anos	Homens	Mulheres	Homens	Mulheres	Homens	Mulheres
1940 (1)	20.614.088	20.622.227	6.164.473	6.715.709	14.449.615	13.906.518
1950 (1)	25.885.001	26.059.396	8.971.163	9.811.728	16.913.838	16.247.668
1960	35.055.457	35.015.000	15.120.390	16.182.644	19.935.067	18.832.356
1970	46.331.343	46.807.694	25.227.825	26.857.159	21.103.518	19.950.535
1980	59.123.361	59.879.345	39.228.040	41.208.369	19.895.321	18.670.976
1991	72.485.122	74.340.353	53.854.256	57.136.734	18.630.866	17.203.619
1996	77.442.865	79.627.298	59.716.389	63.360.442	17.726.476	16.266.856

Fonte: IBGE.

A redução da população rural foi muito expressiva, conforme demonstrado na Figura 1.1.

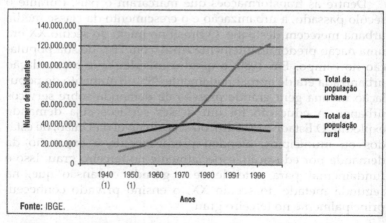

Fonte: IBGE.

Figura 1.1 População urbana × população rural.

As populações urbanas demandavam educação e as classes médias, acesso à universidade, pelo fato de perceber a educação como decisiva para a mobilidade social ascendente. Até então, o ensino universitário tinha sido literalmente um privilégio. Se hoje ainda o é, a situação era ainda mais nítida se tomarmos o ano de 1960 como referência para fins comparativos. Naquele ano, para uma população de 70 milhões de habitantes, contávamos com 100 mil matrículas no terceiro grau, à época significando cursos de graduação. Atualmente, temos cerca de 180 milhões e aproximadamente 3,9 milhões de matrículas.

As Figuras 1.2 e 1.3 demonstram a evolução do número de matrículas em cursos de graduação, a partir do ano de 1980 no país.

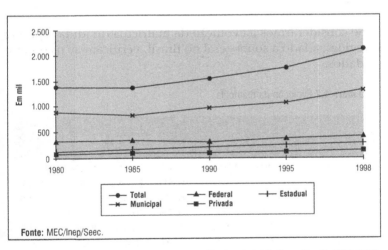

Figura 1.2 Evolução da matrícula por dependência administrativa – Brasil, 1980-1998.

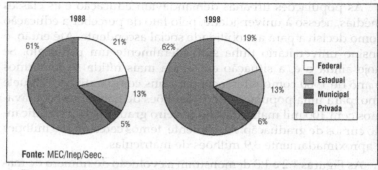

Figura 1.3 Distribuição percentual da matrícula por dependência administrativa – Brasil, 1988 e 1998.

Se considerarmos a evolução da matrícula dividida segundo as regiões, aliado à soma geral no Brasil, verificam-se os seguintes dados.

Quadro 1.2 Evolução da matrícula

Brasil e Grandes Regiões	Ano	Total	Federal	Estadual	Municipal	Privada
Brasil	1981	1.386.792	313.217	129.659	92.934	850.982
	1994	1.661.034	363.543	231.936	94.971	970.584
	1996	1.868.529	388.987	243.101	103.339	1.133.102
	1998	2.125.958	408.640	274.934	121.155	1.321.229
	1999[1]	2.377.715	442.835	303.178	87.080	1.544.622
Região Norte	1981	31.157	21.534	2.408	278	6.937
	1994	64.254	40.835	7.382	838	15.199
	1996	77.035	46.642	7.716	929	21.748
	1998	85.077	45.957	9.688	952	28.480
	1999	94.411	47.612	12.536	962	33.301

Fonte: MEC/Inep/Seec. (continua)

Brasil e Grandes Regiões	Ano	Matrícula				
		Total	Federal	Estadual	Municipal	Privada
Região Nordeste	1981	217.894	103.817	23.167	27.809	63.101
	1994	264.396	109.123	68.337	7.535	79.401
	1996	279.428	107.670	75.738	6.869	89.151
	1998	310.159	118.455	80.702	10.681	100.321
	1999	358.633	135.630	96.089	12.141	114.773
Região Sudeste	1981	825.803	104.967	75.346	43.001	602.489
	1994	916.131	107.617	98.797	43.857	665.860
	1996	1.028.431	121.605	101.660	41.788	763.378
	1998	1.148.004	127.991	114.716	43.210	862.087
	1999	1.263.576	134.035	120.334	39.335	969.872
Região Sul	1981	244.712	57.746	27.617	20.721	138.628
	1994	304.852	68.935	49.539	39.289	147.089
	1996	349.193	71.140	49.312	49.364	179.377
	1998	419.133	71.960	55.543	61.264	230.366
	1999	473.583	76.485	57.977	32.512	306.609
Região Centro-Oeste	1981	67.226	25.153	1.121	1.125	39.827
	1994	111.401	37.033	7.881	3.452	63.035
	1996	134.442	41.930	8.675	4.389	79.448
	1998	163.585	44.277	14.285	5.048	99.975
	1999	187.512	49.073	16.242	2.130	120.067

Fonte: MEC/Inep/Seec.

Com base no crescimento médio das matrículas observado nos últimos anos, foi possível projetar, segundo os dados do Inep e do MEC, o crescimento para os próximos anos nos seguintes termos (Tabela 1.1).

Tabela 1.1 Projeção de matrículas

Ano	Matrícula
1998	2.125.958
2002	3.479.913
2003	3.887.771
2007	6.400.000
2008	7.232.000
2009	8.172.160
2010	9.234.548

Fonte: Deaes/Inep/MEC.

Vale ainda ressaltar, a partir dos dados do censo educacional de 2003, a contínua expansão dos cursos de graduação, demonstrada na Figura 1.4, a seguir.

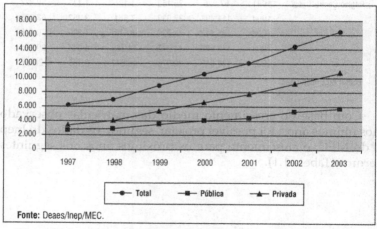

Figura 1.4 Evolução do número de cursos de graduação – Brasil, 1997-2003.

Em termos tanto absolutos como relativos, a mudança foi substancial, mas ainda não o suficiente para nos colocar entre os países que caminham em direção à inclusão da maioria de sua população no ensino universitário. Em termos relativos, a porcentagem da faixa etária que deve cursar universidade encontra no Brasil de nossos dias não mais do que 15% efetivamente matriculados, enquanto esses percentuais são maiores mesmo em outros países da América Latina, como Chile, Argentina e México.

A Figura 1.5, a seguir, fornece dados a respeito da evolução das estatísticas no ensino superior no Brasil a partir do ano de 1962 até 1998.

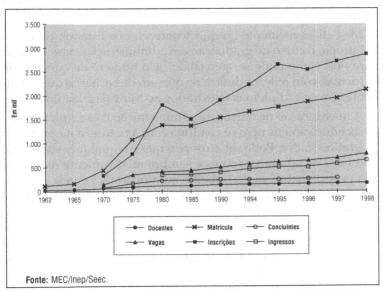

Figura 1.5 Evolução das estatísticas do ensino superior – Brasil, 1962-1998.

Neste país urbanizado, os cursos de graduação em administração se expandiram rapidamente. Atualmente, temos no Brasil cerca de 2 mil cursos de graduação. De acordo com o censo realizado no ano de 2003, dos 3.887.771 alunos matriculados em cursos de graduação, observa-se que o curso de administração ocupa o primeiro lugar em número de matriculados, com 564.681 matrículas.

Os currículos iniciais da Eaesp da Fundação Getulio Vargas e da FEA da Universidade de São Paulo, como visto anteriormente, ambos derivados de modelos norte-americanos, influenciaram muito o formato e a grade curricular dos programas de graduação que foram sendo criados a partir do final da década de 1960. Quando o extinto Conselho Federal de Educação estabeleceu os "currículos mínimos" que se impunham nacionalmente, foram os currículos da FGV e da USP que serviram em grande medida de modelo.

Mas, diferentemente do que aconteceu nos Estados Unidos e na Europa, o curso de graduação em administração massificou-se entre nós, como pode ser percebido pelo número de cursos e de matrículas, com reflexos diretos no número de bacharéis que anualmente têm seus diplomas registrados no Ministério da Educação.

A massificação de cursos de administração não é típica de sistemas educacionais nem se coaduna com a natureza da profissão de administrador. Pode ser afirmado que em qualquer sociedade o número de administradores é sempre relativamente reduzido, pela própria natureza do trabalho administrativo e pela estrutura das diversas organizações que empregam administradores. Em uma empresa, organizações sem fins lucrativos, hospitais ou órgãos da administração pública, os organogramas indicam ser reduzido o número de administradores e não haver muito como aumentá-lo. Ou, em outros termos, sempre haverá um número elevado de administrados para relativamente poucos administradores. Isso equivale a dizer que a profissão de administrador é socialmente oligárquica. Em nenhuma sociedade será possível empregar massas de administradores como as que se graduam em nossos programas de graduação em todo o país.

A questão que a seguir se coloca é saber por que se abriram tantas vagas para essa profissão. A razão não é necessariamente um elogio a nossos educadores e gestores de universidades, centros universitários e faculdades de administração. Trata-se de um curso de fácil massificação. Exige poucos investimentos em ativo fixo, só recentemente laboratórios de informática passaram a ser vistos como necessários, e pode ser lecionado em meio período, o que permite sua expansão por meio de cursos noturnos. O encanto ou atratividade da profissão para muitos jovens, não só de classe alta e média alta, mas de classe média média e média baixa, assegurou por muitos anos uma demanda não só constante, mas crescente. A maioria das vagas é oferecida pelas Instituições de Ensino Superior (IES) privadas com objetivos empresariais, em que serviços educacionais são tratados primordialmente como negócios. A seguir a Tabela 1.2 e a Figura 1.6 mostram uma distribuição em percentual e gráfica, que demonstra a diferença em relação à quantidade de IES públicas e privadas.

Tabela 1.2 Distribuição percentual do número de instituições de educação superior por categoria administrativa – Brasil, 1993-2003

Ano	Total	Pública	%	Privada	%
1993	873	221	25,3	652	74,7
1994	851	218	25,6	633	74,4
1995	894	210	23,5	684	76,5
1996	922	211	22,9	711	77,1
1997	900	211	23,4	689	76,6
1998	973	209	21,5	764	78,5
1999	1.097	192	17,5	905	82,5
2000	1.180	176	14,9	1.004	85,1
2001	1.391	183	13,2	1.208	86,8
2002	1.637	195	11,9	1.442	88,1
2003	1.859	207	11,1	1.652	88,9

Fonte: MEC/Inep/Deaes.

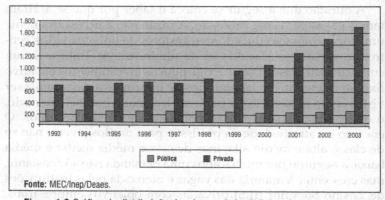

Figura 1.6 Gráfico de distribuição do número de instituições de educação superior, por categoria administrativa – Brasil, 1993-2003.

Ora, o curso de administração, pela elevada demanda, baixo custo e reduzidos investimentos, propicia boas margens e é empresarialmente um produto interessante. Dificuldades em preencher vagas só viriam a surgir no final do século passado. No início dos anos 1990, o aumento da oferta foi tanto que muitas IES tiveram dificuldades e passaram a ter de realizar vários vestibulares, podendo-se dizer que, em muitos desses cursos, a lista de inscritos no vestibular coincide com a relação dos matriculados no primeiro semestre do curso.

O perfil da maioria desses cursos também não chega a ser fiel ao projeto inicial que aqui se apresentou sobre a profissão de administrador. A qualidade de grande parte desses cursos se distanciou do desejável, como foi atestado pelos "Provões" a que se submeteram. Os "Provões" não trouxeram nenhum conhecimento novo aos observadores do campo educacional. Simplesmente formalizaram, colocando por escrito e estabelecendo uma classificação por meio dos conceitos emitidos, uma estratificação do ensino, dos cursos e das IES brasileiras. E a estratificação mostrou que, em termos institucionais, de corpo docente e discente, os cursos de graduação em administração não constituem infelizmente o que há de melhor na educação universitária em nosso país.

O resultado dessa massificação, do ponto de vista dos bacharéis que se formam, é que seus futuros profissionais têm pouco a ver com o que em outros países se entende por uma carreira de administrador. A grande maioria jamais ocupará um posto de gestor, mesmo que de primeira linha ou de supervisão simplesmente, porque lhes falta tanto o capital intelectual como o social para adentrar e ter uma carreira plena de gestor. Ao fim e ao cabo, a expansão dos cursos de graduação entre nós acabou por transformar o que deveria ser um curso destinado à formação de um grupo profissional novo, engajado em processo de transformação de organizações e, por meio delas, da própria realidade nacional, em um curso de "educação geral". Um bacharelismo pejorativo em uma nova versão e com outra roupagem.

Outra faceta dessa mesma realidade é que alguns poucos cursos e IES continuam a formar quadros administrativos, exatamente aquelas poucas que ocupam as primeiras posições no processo de estratificação. E outro dado de importância é que a profissão de engenheiro continua a ser importante fonte de gestores. Isso talvez se deva ao fato de que cursos de engenharia não se massificaram como os de administração e seus formandos, conseqüentemente, acumularam um capital social e intelectual de que os bacharéis em administração carecem.

O ENSINO EM PÓS-GRADUAÇÃO

Não levou muito tempo para que os cursos de pós-graduação viessem também a ser implantados na área de administração. Isso se dá no início da década de 1970 e coincide com o movimento de institucionalização do ensino em nível de pós-graduação entre nós. As preocupações em regulamentar a pós remontam à década anterior, por meio de parecer do então Conselho Federal de Educação (CFE), que criou a marcante e até hoje fundamental distinção entre *lato sensu* e *stricto sensu*. Por trás dessas duas expressões latinas, entende-se que, depois da graduação, há dois caminhos distintos. Um, para a formação de profissionais acadêmicos (professores e pesquisadores) que asseguram a reprodução no tempo da instituição universitária, e o outro, para o aprimoramento dos que se dedicam ao exercício da profissão. Embora essa distinção seja problemática, especialmente nas chamadas áreas aplicadas, das quais a administração é um exemplo, ela continua a causar celeumas e, não raro, confusões. A interpretação literal do parecer implicaria na impossibilidade de haver mestrados profissionais. Isto pelo simples fato de que o profissional fica no âmbito do *lato sensu*. Ainda que atualmente se expanda a tendência à aceitação de mestrados profissionais em algumas áreas, a resistência em admiti-los pode ser explicada pelas marcas profundas deixadas entre nós pelo parecer do CFE.

A seguir, a Tabela 1.3 com o número de IES que oferecem cursos de pós-graduação *lato sensu* no Brasil entre os anos de 2001 e 2003.

Tabela 1.3 Cursos de pós-graduação *lato sensu* – Brasil, 2001-2003

Ano	Públicas	Δ%	Privadas	Δ%	Total	Δ%
2001	119	–	454	–	573	–
2002	120	0,8	599	31,9	719	25,5
2003	127	5,9	716	25,8	843	21,6

Fonte: Deaes/Inep/MEC.

A introdução da pós-graduação em administração no país ocorreu com a distinção entre *stricto* e *lato sensu*. Apesar da distinção, muitos programas instituídos como de *stricto sensu*, ou seja, mestrados acadêmicos destinados, em princípio, à formação de professores e pesquisadores, acabaram se viabilizando apenas com um corpo discente misto, incluindo profissionais e acadêmicos. Essa mescla, dando caráter híbrido aos programas, apesar de formalmente acadêmicos, só termina bem mais tarde, à medida que critérios originados na própria comunidade científica e executados pela Coordenação de Aperfeiçoamento de Pessoal de Nível Superior (Capes) acabam por forçar a separação efetiva.

A pós-graduação *stricto sensu* decola com o I Plano Nacional de Pós-Graduação (PNPG), de 1973, e na área de administração houve um importante fomentador no Programa Nacional de Treinamento de Executivos (PNTE), desenvolvido e executado no âmbito da Financiadora de Estudos e Projetos (Finep), que aportou recursos financeiros substanciais para viabilizar programas na Fundação Getulio Vargas de São Paulo, na Coordenação dos Programas de Pós-Graduação em Engenharia-Administração (Copead) da Universidade Federal do Rio de Janeiro, na Fundação João Pinheiro, na Universidade Federal de Minas Gerais e no Programa de Pós-graduação em Administração da Universidade Federal do Rio Grande do Sul (PPGA).

Até hoje, esses programas *stricto sensu* continuam operando, à exceção da Fundação João Pinheiro. Foi natural que essas instituições e seus programas se tornassem focos para a formação de mestres, e posteriormente doutores, que acabaram assumindo posições em outros programas em universidades públicas e privadas em todo o país.

A pós-graduação *stricto sensu* iniciou-se apenas com programas de mestrado. Em apenas duas instituições, a Universidade de São Paulo e a Fundação Getulio Vargas, em São Paulo, foram criados, ainda na década de 1970, programas de doutorado. A maioria dos programas mostrou mais cautela e, ainda hoje, há poucos doutorados se comparados ao número de programas existentes. A maioria das instituições ainda opera apenas o mestrado.

O desenvolvimento da pós-graduação está intimamente ligada à reforma da universidade brasileira, consubstanciada em lei em 1969. Entre outras providências adotadas pelo legislador, tinha-se a extinção da cátedra vitalícia, e sua substituição pelo departamento de ensino e pesquisa que passava a ser a unidade básica da organização universitária. Com o fim da cátedra, acabava também o catedrático, que era substituído por uma carreira docente estruturada em vários níveis, desde o instrutor de ensino até o professor titular, sendo o acesso marcado por um sistema de mérito no qual a titulação passava a ter papel necessário e decisivo.

Diferentemente do sistema anterior, centrado no catedrático e no qual este era um monarca absoluto, escolhendo por critérios exclusivamente pessoais e irrecorríveis seus assistentes, o novo sistema criava uma carreira e lotava os docentes nos departamentos de ensino e pesquisa. A estrutura organizacional da universidade saída da reforma universitária de 1969 obrigava os docentes a se titular, sob pena de permanecer no nível mais baixo da carreira e até mesmo sem ter condições para ser admitidos. A pós-graduação, dessa maneira, articulava-se com a Lei da Reforma Universitária a fim de assegurar a reprodução dos quadros de docentes e pesquisadores.

A demanda para os cursos de mestrado e doutorado estaria dessa forma assegurada. A política de aumento da titulação tem sido perseguida de maneira consistente, salvo por um breve período de ambivalência, em que se acabou tentando substituir a titulação de mestrado pela especialização com títulos de *especialistas*, obtidos em cursos *lato sensu* regulamentados pelo Ministério da Educação. O aumento da porcentagem de docentes mestres e doutores vem sendo enfatizado pelas autoridades educacionais. A avaliação institucional das IES, tanto as públicas como as privadas, considera a titulação de seu corpo docente, bem como seu regime de trabalho.

A EDUCAÇÃO DE EXECUTIVOS

Fato recente e de grande importância no ensino da administração entre nós tem sido a expansão do que o parecer já referido do CFE considerou *lato sensu*, que constitui o segmento de cursos profissionais. Isso inclui a especialização, mas aqui estamos nos referindo especificamente ao conjunto de cursos de educação executiva, cobrindo os mais diversos tipos de segmentos e conteúdos desde o treinamento inicial até os tópicos mais avançados. Desde aqueles que se iniciam na profissão de administrador e ainda não assumiram posições que possam qualificá-los como gestores até programas voltados a administradores de cúpula das organizações, como membros de conselhos de administração, chefes executivos e demais diretores.

Não só em nosso país, mas especialmente nos Estados Unidos e nas escolas de administração da Europa Ocidental a expansão da educação executiva (*executive education*) tem sido o fato marcante das duas últimas décadas. São cursos que não oferecem diplomas, e sim certificados, em sua maioria não são supervisionados pelas autoridades educacionais dos países e desfrutam de inteira liberdade quanto a conteúdos, formatos, duração e tecnologia instrucional utilizada. São absolutamente dependentes do mercado. Isto explica seu dinamismo, seu crescimento e também a elevada competitividade entre as instituições envolvidas e uma enorme turbulência no ambiente em que operam.

As razões para o aparecimento e a expansão desses programas são diversas. Na verdade, sempre existiram, porém, no passado, com um caráter periférico e apenas supletivo nas grandes escolas de administração de negócios dos Estados Unidos. As atividades, como já vimos, estavam centradas no Master of Business Administration (MBA), lá considerado um *degree course*, ou seja, conferindo diploma. Cursos para executivos (*executive development and training courses*) ocorriam, em geral, durante o período de férias escolares, coincidindo com o verão do Hemisfério Norte, e limitavam-se, portanto, a poucos cursos, poucos executivos/alunos e pouco envolvimento de recursos docentes e administrativos.

A expansão começa a acentuar-se na década de 1970, mas se acelera na década de 1980, quando todas as grandes escolas decidem embarcar em expressivos programas de educação executiva. Isso implicava alocar recursos físicos sob a forma de instalações, até mesmo separadas, em alguns casos, daquelas que abrigavam os *degree courses* (MBAs e Ph.Ds), a alocação de docentes com um perfil adequado ao novo tipo de aluno e a conseqüente expansão de quadros administrativos, para gerir empreendimentos que fizeram das escolas de administração de negócios bons e muitas vezes grandes negócios.

Sua expansão está ligada a mudanças ocorridas no seio das empresas e de outras organizações. No mundo empresarial, o aumento da competitividade acabou por criar grande ansiedade para que se obtivessem soluções e conhecimentos que pudessem assegurar diferenciais competitivos às empresas concorrentes. Difunde-se a crença de que a academia era um centro de conhecimento em que tais informações podiam ser encontradas. As escolas responderam às demandas desenvolvendo cursos, pesquisas aplicadas cujos resultados procuravam amparar, esclarecer, apoiar e até mesmo orientar o trabalho do executivo empresarial. Não se tratava de programas que apenas formavam e informavam, mas que, muitas vezes, se propunham oferecer aos participantes soluções e reflexões próximas à prática dos negócios e que poderiam ser aplicadas. A aplicabilidade da educação continuada passa a ser a tônica dos programas.

Porém, a diversidade desses programas fez com que seus formatos variassem e um processo de estratificação se estabelecesse entre as escolas e instituições que os oferecem. A análise da educação executiva também se beneficia do conceito de segmentação.

A segmentação do mercado se faz em termos da instituição que oferece os cursos, conteúdo, duração e, especialmente, audiências para as quais estão voltados. A gestão de um programa de educação executiva implica que seus gestores escolham cuidadosamente o segmento e saibam identificar perfeitamente seu *target*, sob pena de colocar em risco o próprio programa.

Há cursos que se propõem a oferecer uma formação fundamental em administração a profissionais que já ocupam posições como gestores ou que estão se reprofissionalizando. Nos Estados Unidos os *executive MBAs* (Embas) são o exemplo mais bem-sucedido desse tipo de curso. Ocorrem sob o manto de grandes escolas, e, embora sejam *executive education*, conferem também um *master's degree*, o que equivaleria a um diploma em nossa legislação. No Brasil, alguns cursos de especialização têm adotado esse modelo. Os pioneiros foram o Curso de Especialização em Administração para Graduados (Ceag), oferecido há mais de 30 anos pela Fundação Getulio Vargas em São Paulo, e o Curso de Especialização, nos termos da regulamentação adotada pelo Ministério da Educação, pela Universidade Presbiteriana Mackenzie, também em São Paulo.

A educação executiva tornou-se importante fonte de receita para as instituições que a oferecem e também de razoável aporte aos rendimentos dos professores que lecionam nesses programas. Os cursos, em sua maioria, são pagos pelas próprias empresas, o que permite um nível de preços bem acima dos praticados nos cursos regulares de graduação, mestrado e doutorado, permitindo às escolas de administração dos Estados Unidos uma receita que assegure à maioria delas seu resultado superavitário. No Brasil, a Educação Executiva tornou-se fundamental para as IES públicas e também para as privadas que não são operadas exclusivamente como um negócio. Nas IES operadas como negócios, ou não filantrópicas ou empresariais, dependendo da terminologia, os cursos regulares que oferecem diplomas, especialmente os de graduação, tendem a ser superavitários. Caso não o fossem, essas IES seriam forçadas a encerrar cursos deficitários. No entanto, quando se trata de IES que não são operadas como negócios, entre nós chamadas filantrópicas ou públicas não estatais, os cursos de graduação e de mestrado e doutorado freqüentemente operam em situação deficitária. Isso torna a educação executiva importante fonte de recursos com que manter os três cursos.

Outra maneira de colocar a questão é considerar diplomas de graduação, mestrado e doutorado como bens públicos, porque se destinam à melhoria do nível educacional e de capacitação da sociedade como um todo. Os de mestres e doutores em especial, dado seu efeito multiplicador, na medida em que os portadores desses diplomas acabam sendo pesquisadores e professores. Já os programas de educação executiva seriam considerados "bens privados", uma vez que seus beneficiários imediatos são empresas e os próprios indivíduos treinados.

Empresas e seus gestores vêm buscando a educação continuada como parte de uma tendência à escolarização e também pela crença de que a educação é um processo que se estende por toda a vida. O profissional não poderia manter-se atualizado com relação aos desenvolvimentos em seu campo de atuação se não se educasse permanentemente, incluindo nesse processo a volta à escola e a freqüência a cursos e seminários. Atualmente, não é incomum que as políticas de gestão de pessoas de muitas empresas obriguem seus gestores a alocar determinado número de horas anualmente a atividades de retreinamento ou de atualização de conhecimentos. E isso se faz independentemente do nível hierárquico do gestor ou do momento de sua carreira. Estão obrigados à reeducação permanente tanto membros de conselhos de administração e diretores como *trainees* recém-admitidos.

O ensino e a pesquisa em administração podem ser vistos como um conjunto de atividades e organizações que já foi chamado *management industry*. O termo é evidentemente crítico, mas mostra que escolas de administração, com suas diversas atividades de ensino regular, educação executiva, cursos de pós-graduação acadêmicos, firmas de consultoria, editoras que publicam livros e revistas dos mais diversos tipos voltados a administradores e administração passaram a integrar um universo de negócios com as características de um verdadeiro *business*. A maioria das organizações envolvidas é formada de empresas que operam como negócios. Adicione-se a isso firmas que existem com a finalidade específica de se dedicar à educação executiva, à promoção de cursos e de eventos – chegando a megaeventos que congregam milhares de gestores, estudantes e professores de administração em torno de temas de moda e *gurus* internacionais que trazem as *últimas novidades* e as mais recentes inovações do campo.

Como se pode perceber, o entendimento do universo do ensino e da pesquisa em administração neste milênio aponta para algo que caminhou, em pouco tempo, na verdade, menos de um século, de um modesto início, ensaiando os primeiros passos em função das grandes transformações trazidas pela segunda Revolução Industrial, até que se transformou em uma atividade volumosa, envolvendo organizações diversas e centenas de milhares de pessoas em diversos países, e movimentando somas bilionárias.

A avaliação do que se conseguiu em termos de profissionalização do administrador e da administração e do desenvolvimento científico do campo não chega a ser o objetivo principal deste texto. Todavia, não se pode negar que, hoje, é uma das principais profissões em número considerável de países. No Brasil, a atividade em pouco mais de meio século firmou-se como a que tem um dos maiores números de matriculados em cursos de graduação. Nos cursos de pós-graduação *stricto sensu*, mestrados e doutorados, os registros da Capes listam cerca de 60 cursos credenciados e regularmente avaliados. Ainda em nível de pós-graduação, a Associação Nacional de Pós-graduação e Pesquisa em Administração (Anpad) já entra em seu 29º ano de existência e congrega os programas *stricto sensu*. Seus encontros anuais, de natureza acadêmica, em que o centro das atividades é a exibição de trabalhos científicos, depois de devidamente submetidos a um processo de *blind review*, apresentam um volume surpreendente. Esse volume aumentou bastante nos últimos dez anos, e particularmente nos derradeiros cinco anos.

O movimento editorial também pode ser usado como indicativo da importância do campo. Atualmente, o número de títulos tanto de autores nacionais como de traduções de autores estrangeiros torna a área de administração importante no catálogo de muitas editoras. Temas de administração chegaram a popularizar-se e a massificar-se. Basta que se veja nas livrarias o espaço físico ocupado pelos livros de administração em comparação com outras áreas e se notará que eles vêm logo abaixo de ficção, auto-ajuda e temas de interesse claramente popular. Isso sem que se contemplem as livrarias de aeroportos, que também oferecem títulos de administração a seus clientes indo e vindo entre vôos.

Uma razão final para a expansão do campo talvez se deva ao fato de que administrar é uma atividade complexa que pode ser tudo, menos fácil. Assim, é normal que gere dúvidas, questões e apresente muitos problemas a demandar soluções. Afinal, como se administra? Como solucionar os imensos problemas envolvidos na gestão de uma sociedade que cresceu e continua crescendo tão rapidamente em complexidade?

Os iniciadores da reflexão e das prescrições e recomendações há cerca de um século geraram expectativas de que a administração se tornaria uma ciência. E muito semelhante às ciências exatas e biológicas em sua capacidade de responder perguntas, fazer entender o universo administrativo por meio de leis, princípios e teorias e aplicá-los, tornando o administrar uma atividadede cientificamente embasada, como o são o exercício da medicina ou a prática da engenharia. O médico e sua equipe, ao entrar em um centro cirúrgico para realizar uma intervenção, portam um razoável cabedal de conhecimentos científicos oriundos de ciências tão diversas e consolidadas como a genética, a fisiologia, a bioquímica, a farmacologia e hoje uma diversidade de tecnologias que não foram geradas na área médica. Exemplos podem ser as técnicas de diagnóstico por imagem, que misturam física, informática e vários ramos da engenharia. As mesmas observações poderiam ser feitas sobre o exercício da profissão de engenheiro, que se apóia em conhecimentos científicos gerados pela física, pela química, usando como instrumento preferencial a matemática. Nada disso parece ter ainda acontecido com o exercício da administração.

O modelo clássico de ciência, que entre nós se desenvolve a partir dos séculos XV e XVI, chegando a nossos dias, aprisiona seu objeto de conhecimento em leis e teorias que freqüentemente permitem a aplicação no sentido de intervir e transformar a realidade. Esta é a razão da íntima relação que se desenvolveu entre conhecimento científico e tecnologia. Por essa via, esperar-se-ia que a administração fosse capaz de produzir teorias e princípios administrativos que levassem ao desenvolvimento de uma tecnologia administrativa, análoga à que se desenvolveu com base em outras ciências, e assim o administrar seria uma atividade objetiva, universal, permitindo que fosse ensinada e apreendida, escolarizando-se.

Como isso não aconteceu, perguntas, problemas e dúvidas continuam a surgir e a se acumular. E as respostas oferecidas não são suficientemente convincentes nem em quantidade que permita acalmar a demanda por soluções. Paradoxalmente, as frustrações acumuladas não levaram até o momento ao descrédito e ao conseqüente encolhimento do campo, mas à sua expansão. A falta de uma ciência da administração gera modismos, gurus, pacotes de consultoria e também programas de treinamento e cursos, que muitas vezes prometem trazer respostas às perguntas que são desesperadamente feitas pelos profissionais da administração, sejam consultores, sejam executivos.

Deixando de lado essas observações críticas e um pouco ácidas, se for adotada uma perspectiva do mercado, não resta dúvida de que os clientes estão satisfeitos, a julgar pelo vigor, crescimento e resultados apresentados pela indústria administrativa.

capítulo 2

A Formação de Administradores

A formação de administradores depende, em grande medida, das expectativas que existam com relação ao profissional e também de como se define o que seja um administrador. Dependerá igualmente do tipo de organização na qual a profissão será exercida, ou seja, se no setor empresarial privado, atuando em uma economia de mercado, na administração pública, em atividades chamadas terceiro setor ou organizações não lucrativas.

A crítica aos cursos e escolas de administração foi contemporânea da própria criação. Já nos anos 1950, um relatório patrocinado pela Ford Foundation (Gordon e Howell, 1959) a fim de avaliar a expansão de MBAs nas principais universidades norte-americanas, levantava dúvidas se realmente estariam contribuindo para a formação de executivos empresariais que pudessem auxiliar as grandes empresas a prosseguir em seus itinerários de sucesso. As conclusões não foram inteiramente favoráveis. Nos dias atuais, o recente artigo de Pfeffer e Fong (2002) indica sérias reservas com relação à formação de administradores, estendendo as reservas à formação dos formadores, ou seja, dos professores que ensinam em programas de formação de administradores. Também é assinalada a lacuna entre o ensino e a pesquisa, no sentido de que o que se pesquisa nem sempre está vinculado às necessidades para o exercício profissional da administração.

Outro crítico severo é Henry Mintzberg (2006) e sua polêmica afirmação de que o que importa é formar administradores de negócios e não MBAs. Sua discordância foi levada adiante a ponto de abandonar os programas de MBAs, iniciando programa próprio, congregando escolas de quatro continentes, em que se deixaria de lado a tradicional estrutura de MBAs, ainda fundada nas diversas funções administrativas, e se adotaria uma perspective com base em vários *mindsets* que caracterizariam as diversas dimensões do administrar.

PREPARANDO PROFISSIONAIS PARA CARREIRAS

Outra maneira de entender o ensino de administração é verificar para que posições em uma carreira de administrador as pessoas estariam sendo preparadas. Quando se trata de uma profissão, um elemento fundamental é a carreira, ou seja, quais são os itinerários, as diversas etapas, as responsabilidades, atribuições e sistemas de remuneração que se oferecem às pessoas que abracem a profissão. Em uma carreira tradicional, como a de militar, ao sair de uma academia militar, o jovem aspirante a oficial tem pela frente uma carreira que o levará desde a patente de tenente até o generalato. Isso dependerá naturalmente de um sistema de mérito que compõe a regulamentação da carreira. Mesmo sem ter a estrutura e a rigidez da carreira militar, é possível encontrar paralelos com o que ocorre com o administrador de empresas ou de negócios. Nesse caso, podemos dizer que o jovem que inicia a carreira pode ir de *trainee* até posições de diretoria e de conselhos de administração. Na verdade, de *trainee* a presidente ou CEO (*chief executive officer*) e conselheiro (*board member*).

A partir dessas colocações sobre carreira, é possível perceber o que acontece com a formação de administradores em nosso país. A grande maioria das pessoas, cursando um dos mais de 2 mil cursos autorizados de graduação, certamente não estará contemplando a carreira de administrador com o objetivo de chegar a seu topo. Na realidade, a carreira como aqui esboçada não chega nem mesmo a ser de conhecimento da maior parte dos matriculados em cursos de graduação no país. A média e a moda dos alunos são pessoas que têm origem socioeconômica na classe média baixa e, atualmente, até mesmo na classe baixa, cujas aspirações estão bem abaixo das que levariam ao ápice da carreira.

Além da competência técnica, o avanço na carreira de administrador depende de um capital de relações sociais que se acumula, em grande medida, em função da origem socioeconômica das pessoas. De fato, se atentarmos para as pessoas que ocupam posições de cúpula em empresas, o que inclui posições em conselhos, diretorias e alta gerência, veremos que muitos têm origem nos estratos mais elevados da sociedade. Pela via da dinâmica da estratificação social, essas pessoas acabam por freqüentar as melhores escolas básicas, que as preparam para acesso às melhores IES, que as conduzem a ofertas iniciais de emprego em empresas mais promissoras e consideradas melhores empregadoras. Dessa forma, tende a fechar-se um círculo, que pode ser visto até como cruel, mas que se apresenta como um fato social. Certamente, há sociedades com maior e menor mobilidade social. Não dispomos de dados para saber exatamente como a sociedade brasileira se compararia com outras. Porém, não resta dúvida de que nossa sociedade é reconhecida como apresentando uma grande distância social entre as classes e na qual a maioria da população desfruta de escassas oportunidades oferecidas pelo sistema educacional.

Comparando a porcentagem da população brasileira que tem acesso à educação, especialmente à educação superior, ainda estamos em posição de inferioridade não somente com relação aos países mais desenvolvidos, mas diante de diversos países classificados do Terceiro Mundo. Depois de toda a expansão do ensino superior ocorrida a partir dos anos 1960, ainda temos pouco menos de 4 milhões de matrículas para uma população de mais de 180 milhões de pessoas.

Afinal, podemos inferir que a maioria das pessoas matriculadas em cursos de graduação de administração no país tem pouca consciência do que seja uma carreira plena de administrador. Suas origens sociais e seu imaginário nem mesmo incluem tais itinerários e suas aspirações não as levam a buscar carreiras em grandes empresas nem embarcar em um universo de organizações multinacionais. Na verdade, aspiram a uma melhoria relativamente modesta de suas condições de trabalho, que lhes permita uma reduzida mobilidade na esfera socioeconômica em que se encontram. Tipicamente, o graduando que trabalha em uma agência local de um grande banco de varejo talvez não aspire como ponto final de sua carreira mais que gerenciar a agência em que trabalha ou ser um dos gerentes-adjuntos. A administração central, com sua diretoria e conselho de administração, e os diversos órgãos de *staff*, que dão sustentação à operação, não fazem parte de seu universo de conhecimento e ambições.

Essa é a realidade da maioria dos graduandos que passam por nossos cursos de graduação. Isso ilustra o que se entende por uma profissão que já se definiu como necessariamente elitista e que, em nosso país, tendeu a ser massificada, gerando cursos de bacharelado com conteúdo que os caracteriza como "educação geral" ou básica. Afinal, não se pode dizer que isso seja inconveniente. As funções da baixa e média administração têm de ser desempenhadas. Elas são fundamentais para a existência e operação das organizações nos diversos ramos e setores de atividade. Poder-se-ia até invocar a analogia com os programas oferecidos nos Estados Unidos pelos *junior* ou *community colleges*, em que se preparam pessoas, em nível de graduação, para atender às necessidades de mercados de trabalho locais. O mundo das grandes empresas e as principais posições no governo federal e nos principais estados da União é atendido pelas *business schools* e por programas de administração pública das grandes universidades.

Ainda, com relação a carreiras, pode-se contemplar o topo desse processo de estratificação social e perceber que os que se destinam a carreiras plenas de administração, chegando às posições de cúpula das empresas, tendem a formar-se em um reduzido número de escolas e programas, geralmente em escolas que são conhecidas como de primeira linha. O processo de estratificação não é característico apenas da profissão de administrador, mas pode ser encontrado nas outras profissões. Médicos tendem a ser estratificados em função da faculdade de medicina que cursaram. O mesmo ocorre com engenheiros, dentistas e um grande elenco de profissões.

Nessas escolas, encontramos graduandos provenientes de estratos sociais mais elevados, dotados de melhor preparação educacional e de maior cabedal de relações sociais, que os preparam melhor, em termos de conhecimento técnico específico para o exercício da profissão, e também os equipam para que naveguem com maior desenvoltura no mar da competição pelas melhores posições nas melhores organizações. Daí, segue-se que também tendem a adentrar carreiras ascendentes que podem levá-los às cúpulas administrativas. Em um mundo em que atividades empresariais acabam sendo freqüentemente multinacionais, carreiras também se multinacionalizam. Já começa a ser expressivo o número de brasileiros que integra os quadros administrativos de empresas multinacionais, ocupando posições executivas não só em nosso país, mas expatriados para subsidiárias em outros países e também ocupando posições na administração central ou nas casas matrizes (*headquarters*).

Cabe aqui uma importante observação. A profissão de administrador não é exercida necessariamente por pessoas que tenham sido escolarizadas em administração. Entre nós, engenheiros ocupam com freqüência posições administrativas, especialmente no setor empresarial, tanto privado como estatal. O fenômeno não é apenas brasileiro, mas pode ser encontrado em diversos países.

No Brasil, isso se explica por várias razões. A primeira é o fato de a profissão de engenheiro ser tradicional e mais antiga que a de administrador. As primeiras escolas de engenharia do país datam do Império, enquanto as de administração são bem mais recentes, remontando à metade do século XX. Em segundo lugar, há que se reconhecer que a engenharia é uma profissão mais tradicional e institucionalizada. Em seguida, há o fato de que a formação do engenheiro o prepara, em grande medida, para adentrar o universo da administração. Mesmo que não possua os conhecimentos específicos da tecnologia administrativa para o exercício de cargos em todas as áreas funcionais, o engenheiro é socializado profissionalmente como um solucionador de problemas. Essa é exatamente a postura que se espera do administrador – decidir em um universo de racionalidade que leve à solução de problemas. Dessa forma, engenheiro e administrador podem ser vistos como partilhando o mesmo universo de racionalidade instrumental. Além do mais, há que se reconhecer a qualidade superior dos cursos de engenharia. Não se massificaram tanto quanto os de administração. E, finalmente, o fato de que a profissão de engenheiro ainda implica um curso de cinco anos em regime de tempo integral acaba por limitar o ingresso na profissão àqueles oriundos dos estratos sociais mais elevados e mais bem escolarizados. Desse modo, a competência técnica e a formação escolar unem-se ao cabedal de relações sociais que facilita as carreiras administrativas.

Além da engenharia, outras escolarizações fornecem quadros para a profissão de administrador. Economistas, advogados, cientistas sociais, pedagogos e psicólogos podem ser encontrados, com freqüência, ocupando posições administrativas. Aqui há uma tendência a que as diferentes profissões, quando se convertem na administração, optem e se fixem em algumas áreas funcionais. Por isso, psicólogos, pedagogos e alguns cientistas sociais tendem à gestão de pessoas ou recursos humanos. Os economistas tendem a se acomodar melhor na área financeira e de planejamento e os engenheiros, em linha com sua formação mais generalista, tendem a ocupar quase todas as áreas funcionais, à exceção da de recursos humanos.

Advogados, em muitos países, tendem a abraçar carreiras administrativas. Nos Estados Unidos, não é de todo incomum, e, na Alemanha, é formação bastante encontrada entre os que se destinam a carreiras na administração pública. Em nosso país, o bacharel foi quase sinônimo de portador de um grau universitário durante o Império e a Primeira República. A cultura bacharelesca gerou quadros administrativos tanto na esfera pública como em empresas privadas. Até meados do século XX, cursos de engenharia, medicina e direito absorviam quase todas as matrículas no terceiro grau. Foi apenas na segunda metade do século que as alterações ocorridas no mercado de trabalho e na sociedade brasileira geraram grande número de opções para o ingresso no curso superior. Antes, portanto, da diversificação da oferta de cursos universitários em nosso país, podemos inferir que a grande maioria das posições administrativas, tanto no setor público como em empresas privadas, era ocupada por engenheiros e advogados.

Para a formação em algumas profissões têm-se expandido, no Brasil, versões mais curtas e abreviadas de cursos de graduação ou bacharelado, que são os *cursos seqüenciais*. O que os caracteriza é uma redução na carga horária necessária e o fato de abrirem mão do que se pode chamar de formação. Cursos de bacharelado, em quatro, cinco ou seis anos, dependendo da profissão, contêm sempre créditos oferecidos em disciplinas que tem um caráter propedêutico e também de formação geral. Isso pode ser percebido em países onde os primeiros anos, quase sempre os dois primeiros, são dedicados a disciplinas como literatura da língua pátria, revisão de ciências fundamentais como a matemática, a física, a química, a biologia e a filosofia e, muitas vezes, até elementos de economia e história nacional e geral. Apenas depois dessa revisão, em nível mais elevado, de conhecimentos já abordados na escola média, que se passa aos cursos que lidam com o conteúdo específico da profissão. Em escolas médicas, há disciplinas chamadas básicas, como química orgânica, bioquímica, farmacologia, genética médica etc., que preparam o futuro médico para as disciplinas clínicas. Em cursos de engenharia, há uma carga pesada de disciplinas que são simultaneamente formadoras e instrumentais, como complementação de formação matemática, análise e cálculo, física, química, que preparam para as diversas aplicações que constituem o currículo profissional de engenharia.

Os cursos seqüenciais, geralmente com a duração de dois anos, oferecem ao formando uma formação instrumental, absolutamente técnica e aplicada, voltada a um segmento específico de determinada profissão. No caso de administração, exemplos seriam as administrações de lojas, de restaurantes, de imobiliárias e agências de viagens, bem como cursos específicos em tecnologia de informação, marketing e vendas, contabilidade gerencial etc.

Esses cursos acabam representando uma segmentação do mercado de ensino superior e não há dúvida de que acabam, pelo menos nos segmentos que são contemplados, por concorrer e "canibalizar" cursos de graduação. Isso talvez explique a ambivalência com que muitas IES têm-se dedicado à abertura de cursos seqüenciais. Se, de um lado, vêem a oportunidade de expansão e aumento de faturamento em um mercado competitivo, e muitas vezes saturado, de outro, verificam que, ao fazê-lo, estão reduzindo o ingresso nos cursos de graduação em quatro ou cinco anos. Aumentando as interrogações atuais sobre o futuro desses cursos, eles não permitem acesso à pós-graduação e são percebidos socialmente como cursos "inferiores" aos "cursos universitários", entendendo-se que, na verdade, quem os conclui não é, na realidade, uma pessoa formada em curso superior.

Os cursos seqüenciais oferecidos nas diversas modalidades e áreas funcionais de administração atenderiam a um mercado específico e podem até fazer sentido em certas localidades. Mas não se pode entender que preparem pessoas para uma "carreira plena" em administração. É pouco provável que formandos desses cursos tenham acesso a posições nas melhores empresas empregadoras e nas carreiras superiores e mais seletivas da administração pública. Além disso, é importante considerar que o alunado que busca esses programas provém, predominantemente, de estratos sociais mais baixos, o que implica em limitações no itinerário ascendente de uma carreira de administrador.

As variedades na careira do administrador estão a indicar que nem todas as escolas, programas e IES preparam as pessoas para todas as variedades de carreira. A estratificação social se manifesta tanto nas carreiras como nas IES que preparam as pessoas. A maioria dos que ocupa posições em grandes empresas privadas, nacionais ou multinacionais, é composta por egressos de escolas do topo do processo de estratificação. Em nosso país, a estratificação existe, mas explicitá-la é problemático. Quando o governo federal criou o Exame Nacional de Cursos (Provão), seu objetivo era avaliar cursos e instituições de ensino superior em um gradiente que ia de A até E, em ordem decrescente. O resultado foi a inevitável visibilidade da situação das instituições e de seus formandos. Ou seja, foi uma classificação com melhores e piores classificados. Como demonstrado pelas alterações que o mesmo governo federal introduziu no sistema recentemente, percebe-se que houve desconforto. A razão está ligada à cultura brasileira, que, provavelmente, lida de maneira peculiar com competição e sistemas de mérito. Mas, mesmo que não se explicite, todos sabem, e de alguma forma aceitam, que há programas e escolas de melhor e menor qualidade, superiores e inferiores.

Sem chegar a nomeá-las, pois são de conhecimento geral, há instituições de "primeira linha" em engenharia, administração e economia que formam os profissionais que obtêm os melhores empregos e são candidatos a carreiras plenas, tendo chance de atingir a cúpula das organizações a que pertencem. Mesmo quando iniciam suas carreiras na condição de *trainees*, podemos ver nisso uma semelhança entre um jovem aspirante que deixa a academia militar e sabe que pode atingir o generalato. Os formandos oriundos de grande número de instituições fornecem quadros de supervisão, administração de primeira linha e que, se bem-sucedidos, terão suas carreiras terminadas quando atingirem posições de administração intermediária, tornando-se gerentes de nível médio.

CURSOS, INSTITUIÇÕES E CARREIRAS

Outra questão fundamental é saber exatamente o que se pretende formar. O que as escolas e programas de administração devem formar? O que é um bacharel em administração? Ou, simplesmente, o que é um administrador? A pergunta faz sentido se atentarmos para profissões tradicionais. Não há muita dúvida sobre o que se espera de um médico, advogado ou engenheiro. Sabe-se, até mesmo, em detalhes, na medida em que essas profissões comportam subdivisões em forma de especialidades. Desejamos formar engenheiros civis, eletroeletrônicos, em petróleo ou em engenharia naval. Igualmente, desejamos cardiologistas, obstetras, ortopedistas e pediatras. Podemos até dizer que queremos tributaristas, criminalistas e especialistas em contratos. Mas, quando nos voltamos para a profissão de administrador, as coisas não são tão claras.

Quando se fala em administradores, há pelo menos três perfis que merecem separação: o burocrata, o *manager* ou executivo e o empreendedor. Não existem em estado puro, na realidade, na medida em que todo profissional acaba mesclando em sua personalidade e seu comportamento traços dos três tipos aqui propostos. Entretanto, sem chegar a ser *tipos ideais* no sentido weberiano, nos auxiliam no entendimento do que se pode esperar de um profissional de administração.

O Burocrata e a Burocracia

O termo burocracia e seu correlato burocrata são pejorativos na linguagem comum, e para a maioria das pessoas. Burocracias são vistas como sistemas administrativos irracionais, lentos, custosos, rígidos e muitas vezes minados por corrupção. Normalmente a lentidão, o atravancamento e os procedimentos bizantinos são percebidos como atributos da burocracia, e o burocrata, como um funcionário desmotivado que, em geral, está pouco interessado em clientes e mais na própria carreira, entendida, sempre, como o conjunto de vantagens que se julga no direito de usufruir.

Na administração empresarial, é costume afirmar-se que uma empresa burocratizada é antiquada, pouco competitiva e fadada ao desaparecimento, a menos que desfrute de privilégios estratégicos, como uma concessão monopolista. Mesmo na literatura popular de administração (*pop management*), fala-se em desburocratização, como se burocracia fosse algo inadequado e a ser eliminado. Na área pública, quando se fala em modernização ou reforma da administração pública, coloca-se como objetivo "deixar para trás a burocracia" e simplificar os procedimentos. E, atualmente, muitos falam da burocracia como coisa do passado. Especialmente no mundo empresarial, se diz com freqüência que as formas desejáveis e atuais de organização são pós-burocráticas.

Mas há outro significado para a burocracia, que é conhecido dos poucos que compreendem a teoria administrativa e estão familiarizados com a sociologia organizacional. O termo burocracia refere-se a um tipo específico de organização e de procedimentos administrativos. Nesse sentido, a definição de burocracia se deve ao sociólogo alemão Max Weber, que não era um administrador nem pessoa particularmente interessada em questões administrativas. Max Weber foi uma figura central na sociologia e, dentre suas diversas contribuições e interesses, merece destaque a explicação que propôs para as transformações que atingiram a cultura ocidental – especialmente naqueles países localizados na Europa Ocidental, desencadeadores de um processo chamado *modernização*, que acabou por gerar mudanças substanciais, primeiramente, na própria Europa, e, depois, no restante do mundo, pela difusão, por várias formas, do processo *modernizador*.

Não vamos nos deter aqui na questão da modernização, mas lembrar-nos de que é em seu contexto que a burocracia encontra seu lugar e seu poder explicativo. Max Weber propõe o *modelo ideal* burocrático como uma das maneiras de explicar a legitimação da autoridade, ou, simplesmente, como a autoridade acaba por ser aceita por aqueles sobre quem ela é exercida. Weber propõe três caminhos: o da *tradição*, o do *carisma* e o da *racionalidade legal*. A legitimação pela legalidade racional é a que fundamenta o modelo burocrático. Suas origens podem ser encontradas anteriormente ao início do processo modernizador, nos séculos XV e XVI, porém ele se expande com a modernização, instalando-se na esfera pública. Com a segunda Revolução Industrial, da qual Max Weber foi contemporâneo, estende-se ao mundo da atividade econômica, sendo adotado pelas empresas, particularmente as grandes empresas. Na verdade, o *modelo ideal* não é uma proposta organizacional que, por ser considerada excelente, deva ser adotada. Nem Max Weber jamais defendeu um mundo burocratizado. Ao contrário, olhava com preocupação a expansão da burocracia para diversas esferas da vida na sociedade moderna. Seu *modelo ideal* destinava-se a explicar e não implicava prescrições sobre formatos organizacionais ou processos administrativos.

As características da burocracia são bastante conhecidas pelos estudiosos de organizações. Por isso não nos deteremos nelas. Lembraremo-nos que envolvem atributos como o exercício da autoridade com base em uma racionalidade legal que confere poder ao cargo. O funcionário é legítimo porque foi designado pela autoridade competente com base na lei. No mundo empresarial, o gerente comercial, por exemplo, é legítimo, pois foi admitido por uma diretoria indicada por um conselho de administração representando os interesses de uma assembléia de acionistas. E todas essas etapas se fundamentam e são legitimadas pela legislação comercial vigente que regulamenta a propriedade empresarial, sob a forma de sociedade anônima ou de responsabilidade limitada.

A burocracia implica a divisão do trabalho no interior da organização, o que leva a uma minuciosa descrição das atribuições de cada membro da burocracia. Dessa forma, descrições de funções e classificação e relacionamento dos diversos cargos constituem elemento fundamental da organização burocrática.

O modelo burocrático é *formal*, ou seja, a administração se faz por escrito. Tudo deve ser escrito de forma que a administração se torne algo que possa ser ensinado e de passível apreensão, permitindo a acumulação de conhecimentos e experiências. As transações de uma empresa têm de ser objeto de registros contábeis. Para que isso possa ser feito, é necessário um plano de contas, no qual se descreve que lançamentos devem ser creditados ou debitados a cada uma das contas que o integram. Seguem-se orçamentos, regras sobre administração de pessoas, gestão de estoques, procedimentos produtivos, planos estratégicos, regulamentos de como proceder no processo de comprar e, naturalmente, códigos de ética. Atualmente, boa parte da formalização não tem mais a forma de manuscritos ou manuais impressos, mas está incorporada em softwares de grande auxílio ao aprimoramento da formalização burocrática.

O controle nas organizações burocráticas se faz por autoridade de linha e pela construção de hierarquias, instrumento ainda hoje preferido nessas organizações.

A burocracia trouxe consigo o burocrata, ou seja, o administrador profissional. O termo profissão é de origem religiosa e quem o professava eram monges e monjas. O significado de professar era dedicar sua vida à condição monástica. Analogamente, a profissionalização moderna pode ser entendida como uma secularização do voto monástico, na qual o candidato à profissão é treinado, submetendo-se às exigências próprias da profissão que escolheu, e se dedica a ela inteiramente, fazendo dela o centro de sua vida. O burocrata ou administrador de profissão é alguém que escolheu a profissão de administrador, para ela se preparou mediante um processo de escolarização, foi admitido com base em concurso, ou por outro processo seletivo, envolvendo sempre um *sistema de mérito*.

Recompensando sua dedicação à profissão, o burocrata recebe salário, eventualmente benefícios, e fará jus à aposentadoria, adentrando uma carreira. Tanto o ingresso como os movimentos ascendentes na carreira devem ser objeto de regras claras e sempre baseadas em avaliações objetivas do mérito e do desempenho.

Depois de brevemente resgatarmos as características da burocracia weberiana, levanta-se a questão: as organizações empresariais que operam em uma economia de mercado, as administrações públicas dos Estados nacionais, as organizações do terceiro setor, sociais ou filantrópicas podem ser consideradas burocráticas? A resposta é inequivocamente positiva. Embora haja uma estridente retórica contra as burocracias, no sentido popular ou vulgar do termo, não há dúvida de que estamos muito longe de deixar para trás o modelo burocrático. Isso se aplica à grande maioria das organizações com as quais interagimos cotidianamente, seja como clientes, seja como fornecedores, empregados ou acionistas.

E, apesar de uma literatura de modismos administrativos, que se inclina para a venda de serviços de consultoria e treinamento, falar na existência de um modelo pós-burocrático, é necessário reconhecer que vislumbramos apenas traços desse modelo. O que freqüentemente se chama pós-burocrático são práticas que existem no interior de organizações burocráticas. Assim, o pós-burocrático não existe a não ser no interior e apoiado por uma organização de tipo burocrático.

Na medida em que o modelo weberiano é *ideal,* desenvolveu-se uma linha de pensamento em sociologia organizacional em que se procurava verificar se tais modelos de fato poderiam ser encontrados na realidade. O trabalho do Grupo de Aston seguiu essa linha. Os trabalhos anteriores de sociólogos norte-americanos preocupados com disfunções burocráticas também lidavam com a possível existência real e a eficácia do modelo weberiano. Todavia, essas críticas e elaborações se passavam em um universo de reflexão e indagação sobre a burocracia. De onde se constata que criticar o modelo burocrático, afirmando que ele não existe no estado puro que lhe atribui Weber quando elaborou seu modelo ideal, não significa afirmar que adentramos um mundo organizacional e administrativo pós-burocrático. Grandes bancos de varejo, empresas de seguro e de medicina de grupo, universidades e autarquias, bem como redes de varejo oligopolizado, continuam exibindo os traços essenciais da burocracia apontados por Weber no final do século XIX.

O que é um burocrata ou administrador ou gestor, como hoje é também chamado, no interior de uma burocracia? A partir do modelo burocrático, que atributos, que tipo de treinamento e que habilidades se esperam do administrador inserido como superior e subordinado em uma organização burocrática?

Se aceitarmos que a grande maioria das organizações em que um administrador trabalha é uma burocracia, não no sentido pejorativo, mas técnico da palavra, veremos que suas capacitações serão as exigidas, com maior freqüência, no mercado de trabalho para profissionais de administração. A primeira é que haja uma adesão à *formalidade*, ou seja, a um sistema de administração que seja transparente, com regras e procedimentos escritos e disponíveis para que não pairem dúvidas sobre critérios usados para as decisões. Uma vez que formalização significa procedimentos escritos, segue-se que um administrador atuando no modelo burocrático deve ser capaz de lidar com documentos de natureza contábil e financeira.

Atualmente, o *balanced scorecard* (BSC) (Kaplan e Norton, 1992, 1997) é o instrumento de administração que possivelmente melhor ilustra as capacidades exigidas de um administrador. Na verdade, o BSC é absolutamente formal, no sentido de que tudo está registrado. É um instrumento para implementação de estratégia, o que se traduz em registrar o realizado, compará-lo com o planejado e averiguar quais as possíveis diferenças. Esse conceito da controladoria clássica não só é mantido pelo BSC, mas acaba sendo estendido além da área puramente financeira para atingir clientes e recursos humanos. No entanto, o princípio permanece o mesmo. É ainda considerado um grande instrumento de "alinhamento", ou seja, de adequação entre a estratégia e as operações que a implementam ou executam.

O pioneiro Henri Fayol ilustra bem o que se deve esperar de um administrador no modelo burocrático. Deve ser capaz de exercer as funções administrativas de *dirigir, coordenar, planejar, prever, controlar* e *comandar*. Fayol ainda pode ser considerado como o autor que elevou a problemática administrativa e alçou as funções do administrador do "chão de fábrica", em que o taylorismo atuou preponderantemente, para os níveis mais elevados e gerais das organizações. Se o taylorismo carrega as marcas de uma visão da empresa industrial, a partir da fábrica, Fayol vê a mesma empresa a partir das salas da diretoria e do conselho de administração.

O administrador deve ser capaz de criar a previsibilidade. O mundo do administrador é um mundo de gestão e controle de riscos, o que se faz pela criação de uma previsibilidade que evite as surpresas. Assim, o uso do planejamento e das técnicas de previsão, as assessorias jurídicas, os sistemas de controle, como o BSC, têm por função fazer que as coisas ocorram conforme previsto. O administrar aqui é uma atividade que deve impedir que o imprevisto ocorra.

No universo burocrático, o administrador deve ser objetivo. Por isso entende-se que o administrar segue fatos, apóia-se em análises de dados, coteja eventos para que suas decisões sejam sempre norteadas pelo princípio da eficiência e da racionalidade. O administrar é uma atividade racional da qual amores e ódios, simpatias e antipatias pessoais, e mesmo valores e preferências pessoais devem ser omitidos. O interesse coletivo deve predominar sobre os de indivíduos e grupos. Max Weber sintetizava tudo isso na expressão latina *sine ira ac studio*, indicando que o administrador deveria atuar em um meio de absoluta neutralidade, emocional e valorativa.

Finalmente, mas de grande importância, o administrador, em um contexto burocrático, deve dominar a tecnologia administrativa. É na administração vista burocraticamente que se afirma a existência de conhecimentos específicos da área de administração e não só de outras disciplinas, como matemática, contabilidade, direito, economia, sociologia etc. A administração é, assim, uma área com conteúdos próprios. Portanto, o administrador deve possuir conhecimentos e dominar técnicas de gestão de operações, recursos humanos, estratégia, marketing, finanças e assim por diante. Mesmo se admitindo que o administrar implique habilidades sociais e comportamentais que não são adquiridas mediante conhecimentos específicos de administração, estes não podem ser dispensados.

Afinal, o administrador que aqui foi definido como burocrata equivale ao que se entende predominantemente como administrador. Mesmo assim, é possível vê-lo de outras perspectivas, como a de empreendedor e *manager* ou executivo.

O Empreendedor

Outra concepção a cercar a profissão de administrador é a do empreendedor. Existem até alguns poucos programas, como o do Babson College, nos Estados Unidos, nos quais se diz que não se pretende formar administradores (*managers*) pelo tradicional MBA, mas empreendedores, ou seja, pessoas que efetivamente criem novos negócios.

O empreendedor pode ser visto como diverso do administrador. Isso não significa que uma mesma pessoa não possa possuir ambas as habilidades. Há casos de grandes empreendedores que são também excelentes administradores ou gestores. Mas não resta dúvida de que, muitas vezes, os talentos são claramente diferentes e em algumas empresas é possível perceber quem empreende e quem administra ou gere. Nos dias atuais, a Microsoft é o resultado do talento empreendedor de Bill Gates e da capacidade de gestão de Steven Ballmer. Caberia indagar se o número de empreendedores e de gestores se equivale. A resposta seria negativa – empreendedores são mais raros que administradores.

Afinal, o que é um empreendedor? Quais são os talentos e habilidades que possui e no que difere do administrador? As características e qualidades que atualmente se atribuem ao empreendedor podem ser encontradas na teoria do empresário inovador, do economista Joseph Schumpeter (1934). A primeira coisa que é imputada por ele ao empresário é a capacidade de inovar, revigorando o sistema econômico, expandindo seu horizonte.

O primeiro atributo do empresário é a *visão*. A palavra merece uma pausa para ser analisada. A palavra visão, como usada na literatura de administração, vem do termo inglês *vision*, que tem origens religiosas e significa ver algo que os demais não vêem. Os profetas e pessoas sagradas é que tinham visões, podendo ver coisas que os demais não percebiam. Profetas, na tradição judaico-cristã, e pitonisas, na tradição do politeísmo grego, seriam capazes de ver o futuro. Ao fazê-lo, entendia-se que suas visões poderiam ser de grande utilidade para nortear as ações a ser tomadas no presente. Coisa parecida com aquilo que hoje se atribui à construção de cenários e outras técnicas de planejamento.

Quais as *visões* que hoje são atribuídas ao empresário ou empreendedor? A percepção de coisas no ambiente de negócios que os demais não percebem e se traduzem por oportunidades para inovar por meio de produtos, serviços, mercados e tecnologias. E essas percepções são *oportunidades* para novos empreendimentos. Exemplos podem ser encontrados na história dos negócios. Henry Ford não foi nem um tecnólogo nem um gênio administrativo, mas percebeu que, se automóveis fossem fabricados em linhas de montagem, custos seriam reduzidos de maneira tão drástica que o produto poderia se transformar de uma relíquia, só acessível a poucos, em um produto adquirível por um número muito maior de compradores. O resultado foi a fabricação industrial do automóvel e sua difusão para extensas camadas da população.

Até o início da década de 1980, a indústria de informática fixava-se na produção de hardware, percebido como o centro do negócio. Softwares eram desenvolvidos pelos fabricantes de hardware para que fossem compatíveis apenas com o hardware de sua própria fabricação. O resultado em termos de negócio é que se tinha um pequeno volume com preços e margens muito altos. Um negócio lucrativo cuja clientela se limitava a grandes organizações. Até então, seus produtos eram adquiridos por governos, grandes empresas, bancos, grandes universidades e laboratórios de pesquisa.

No que consistiu a *visão* de Bill Gates? O núcleo do ramo para ele não era hardware, e sim software. Como resultado, ele criou a Microsoft, uma empresa que até hoje se dedica exclusivamente a softwares e os desenvolveu de maneira a compatibilizá-los com qualquer tipo de hardware. Inicialmente, o hardware escolhido foi o PC ou computador pessoal. A mudança fundamental que se operou no negócio foi a transformação de um negócio pequeno de altos lucros e altas margens, mas pouco volume, em um negócio gigantesco, com margens e lucros menores, porém com volumes impensáveis até então. Bill Gates realizou, com a informática, algo semelhante ao que Henry Ford havia feito com o automóvel há cerca de 70 anos. Tornou um produto de uso por poucos em algo que se destinava a um mercado de massa.

Entretanto, para viabilizar suas visões, os empreendedores têm de criar empresas. O que as caracteriza é o fato de ser eficazes, mas não necessariamente eficientes. Eficiência está relacionada com o uso racional e pleno de todos os recursos de uma organização. Não pode haver desperdício ou subutilização de recursos. Capacidade ociosa não combina com produtividade e eficiência. Ora, empresas empreendedoras, por ser criadas para implementar a *visão* de seus criadores, não são necessariamente eficientes, mas são eficazes, ou seja, acabam por transformar a visão em realidade. Isso acontece mesmo que a um custo maior do que o incorrido, caso fossem também eficientes. Empreendedores criam organizações flexíveis, ágeis, que respondem às suas propostas, mas que não são adequadamente geridas de um ponto de vista da racionalidade que se atribui à administração. Contrastam com a impessoalidade das organizações burocráticas e com sua neutralidade emotiva e valorativa. A organização empreendedora traz a marca do empreendedor que a fundou e está construída ao redor dele, sendo essencialmente personalizada.

O que marca o empresário inovador de Schumpeter é seu senso de oportunidade, ou seja, a capacidade de perceber o que fazer e como encontrar espaços em um mercado que à maioria aparece como saturado. Ao perceber as oportunidades, o empresário aglutina os recursos necessários para explorar a oportunidade sob a forma de um negócio. Isso implica que pessoas, recursos financeiros, tecnologias, instalações físicas, como fábricas, armazéns, edifícios diversos e demais equipamentos, sejam combinados de maneira a viabilizar o negócio. É importante registrar que o empresário inovador de Schumpeter não é necessariamente o capitalista da teoria econômica clássica. Nem sempre ele é o detentor do capital. Pode ser detentor de outros recursos, como tecnologia, porém o que importa é sua capacidade de aglutiná-los e combiná-los.

Outro importante traço do empreendedor é sua capacidade de comunicar aos demais sua *visão* fazendo que acreditem nela e dela compartilhem. Isso implica capacidade de seduzir os demais. Por isso, empreendedores são freqüentemente carismáticos e voltados sobre si mesmos. Ao comunicar, seduzir e entusiasmar pessoas para se unir a ele, o empreendedor exerce habilidades de liderança.

Ao rever todos esses traços do empreendedor, conclui-se que tem visões, percebe no ambiente oportunidades que sabe aproveitar, aglutina os recursos de capital, tecnologia, humanos e físicos necessários à constituição de uma empresa que dirige de maneira centralizadora e autocentrada. A empresa gira a seu redor, como instrumento para implementar sua visão.

O Executivo ou *Manager*

À medida que o termo burocrata passou a ter conotação negativa em administração, por associar-se a rigidez, inflexibilidade, rotinas e pouca criatividade, toda uma literatura de popularização administrativa acabou por decretar o sepultamento da organização burocrática e o aparecimento de uma forma pós-burocrática de organizar. Tal colocação, apesar de problemática e discutível, acabou por ganhar foros de legitimidade e se repete hoje, com freqüência, que administramos em uma época dinâmica, com aceleradas taxas de mudança, e isso exige organizações pós-burocráticas. Sem adentrar em tal discussão, mas reconhecendo sua presença, vamos ver o que seria esse administrador contemporâneo, do século XXI, que estaria a desenvolver carreira no interior das empresas e demais organizações que se considerem pós-burocráticas.

As características de um executivo atual (*manager*) enfatizam qualidades e competências que se afastam do domínio das técnicas de administração e de seus instrumentos. Esses estariam reservados a uma fase determinada da carreira, mas passariam a ter papel declinante à medida que o profissional avança para níveis hierárquicos superiores. Um *trainee* ou analista financeiro deve conhecer os instrumentos para analisar relatórios financeiros, como balanços e demonstrativos de resultados, produzir simulações, lidar com índices financeiros e assim por diante. Porém, tais instrumentos deixariam de ser usados pelo executivo financeiro, simplesmente porque deixariam de ser necessários. Enquanto os ocupantes de escalões inferiores manejam instrumentos de gestão, o executivo dedicar-se-á a outras tarefas que exigem outras competências.

As competências incluiriam primeiramente as chamadas *habilidades sociais*, que devem ser entendidas como a capacidade de perceber o contexto social em que nos encontramos. Possuir habilidades sociais significa ser capaz de perceber os outros e como se relacionam, possivelmente quais suas intenções e suas agendas, e também envolve o mapeamento político da organização em que nos encontramos. Aqui se inclui a percepção da organização como um campo de forças políticas no qual as pessoas diferem entre si em termos de valores, idéias, objetivos e percepção da realidade. Portanto, o mapeamento político implica perceber a multiplicidade e, diante dela, que a ação organizacional só pode existir como o resultado de uma coalisão de atores diversos.

Como podemos perceber todas essas coisas, chegando a mapeá-las? Isso implicaria conhecimentos de um cientista social relativamente versátil e capaz de lidar com diversas disciplinas. Na verdade, a percepção necessária implicaria ter familiaridade, pelo menos, com as percepções do psicólogo, do antropólogo, do sociólogo e do cientista político. E isso não é certamente razoável. Mas não se fala de um conhecimento científico dessas realidades, e sim de um conhecimento que resulte da vivência e da capacidade de aproveitar inteiramente as condições que todos possuímos por sermos seres sociais.

Todavia, não basta possuir os conhecimentos, é necessário agir em função deles. Na realidade, estamos falando de um tipo de habilidade difícil de ser ensinada que simplesmente não é ensinada. Não só deixa de ser ensinada em cursos de formação de administradores, como não é ensinada em nenhum lugar. O que se pode fazer é procurar desenvolver dinâmicas nas quais as pessoas sejam *despertadas* para essa realidade e sejam levadas a perceber quão limitadas seriam suas habilidades sociais.

A importância atribuída às *habilidades sociais* deve-se ao fato de que o velho adágio de que administrar é realizar através de pessoas ainda não pode ser desmentido. Ao contrário, tende a ser cada vez mais confirmado. O que se espera é que o executivo seja capaz de produzir uma ação organizacional que depende de sua capacidade de perceber a organização, seja ela uma empresa, seja uma universidade, uma repartição pública ou uma organização do terceiro setor. Chester Barnard (1938), em seu clássico livro, já propunha que o que se espera do executivo é que seja capaz de administrar o esforço coletivo, que o autor, com otimismo, considerava ser a gestão do esforço cooperativo. Porque Barnard partia da premissa de que, em uma organização, os seus membros são naturalmente cooperativos. Seja a premissa verdadeira, seja falsa, permanece a necessidade de o executivo ser capaz de gerir o esforço coletivo e, para tanto, suas habilidades sociais são necessárias.

Já que não podem ser ensinadas, entende-se que as habilidades sociais acabem sendo desenvolvidas pela prática. O processo de despertar para as limitações que possuímos em nossa capacidade de percepção social, e quanto ainda nos falta, deve ser visto como um processo constante. Ninguém possui todas as habilidades sociais necessárias. O ser humano, por ser perfectível, deverá empenhar-se permanentemente para ampliar suas habilidades sociais. Programas de educação executiva (*executive education*), que vêm experimentando grande expansão no universo da administração, têm utilizado grande variedade de dinâmicas, como jogos diversos, exercícios de *role playing* e simulações, que objetivam o desenvolvimento de percepções e o aprimoramento das habilidades sociais dos participantes.

Estreitamente ligadas às habilidades sociais estão as *habilidades de comunicação*. A importância da comunicação não cessa de ser lembrada como fundamental à boa gestão. De fato, não só à boa gestão, mas a tudo o que é humano. A capacidade de comunicar-se explica o sucesso de muitas pessoas e de muitos projetos. A falha ou a dificuldade na comunicação pode também explicar o insucesso de muitas ações, programas e projetos. Empresas, governos e organizações sociais dedicam sempre atenção às comunicações. Igrejas são organizações essencialmente comunicadoras e o fracasso em comunicar significa para elas o fracasso das próprias missões e objetivos. A comunicação da empresa com o mercado, em que estão clientes, com os investidores, com o governo, com a comunidade de maneira geral é tarefa que mobiliza muitas pessoas e segmentos da organização. Para levar adiante todo esse processo de comunicação com o ambiente externo, é fundamental que haja boa comunicação interna, ou seja, que as pessoas sejam capazes de se comunicar no interior da empresa. E aqui o papel do executivo é fundamental. Comandar, dialogar, negociar, admoestar dependem das habilidades do executivo, que é um núcleo no sistema de comunicações da empresa.

A formação do administrador envolve o entendimento do processo de comunicação e a capacitação para dele participar como comunicador e recebedor de mensagens. Isso se faz mediante vários tipos de treinamento, sendo sempre fundamental o domínio do próprio idioma.

O desenvolvimento de tecnologias e instrumentos de comunicação tem sido marcante. Começou, ainda, na segunda metade do século XIX com o telégrafo e acelerou-se, no início do século XX, com a invenção do rádio e o início das telecomunicações. Prossegue até os nossos dias com os avanços da telefonia, da computação, da microinformática, da televisão e da combinação de todos esses recursos de maneiras cada vez mais complexas. A tecnologia de comunicações atualmente disponível é um elemento poderoso cujo potencial para influenciar multidões levou a que se dedicasse especial cautela ao uso dos meios de comunicação de massa.

O executivo tem todas essas tecnologias a sua disposição, porém é necessário que saiba usá-las. Isso envolve não só valer-se da linguagem de maneira apropriada, mas perceber o impacto exercido pela manipulação de símbolos. Todas essas tecnologias serão inúteis e até poderão ser contraproducentes se ele não for capaz de utilizá-las adequadamente. Atualmente, um *chief executive officer* (CEO) de uma empresa multinacional poderá comunicar-se por teleconferência, videoconferência, por vídeos que possam ser divulgados por toda a empresa, dirigir-se pessoalmente a indivíduos, pequenos grupos, colegiados e grandes convenções de vendedores e fornecedores. No entanto, nada disso produzirá resultados para uma boa gestão se não for bem-feito.

Um problema clássico, que tem estado presente na administração ininterruptamente, é o da motivação. Como motivar as pessoas não só a trabalhar, mas a atingir um bom desempenho. Fazer que o trabalho deixe de ser visto como um fardo ou uma punição, para ser percebido e adotado como forma de realização humana. Pessoas podem ser motivadas de várias maneiras. A mais antiga forma de motivar e que ainda permanece como a mais usada é a pecuniária, ou seja, a remuneração. Entende-se aqui não só o salário do cargo, mas todos os benefícios que podem ser adicionados. Houve avanço com relação ao uso mais sofisticado dos sistemas de remuneração variável. Nem sempre, ou excepcionalmente, dinheiro e seus correlatos possuem isoladamente a capacidade de motivar pessoas. Muitas vezes o fazem, porém por pouco tempo. Salários e benefícios são rapidamente incorporados ao universo psicológico das pessoas e passam a ser vistos como necessários, mas não suficientes. A partir desta, outras formas de motivação têm de ser utilizadas. E cabe ao executivo decidir sobre elas e como administrá-las.

Perspectivas favoráveis para a empresa e suas repercussões para as carreiras das pessoas podem ser importante motivador. Afinal, todos querem um futuro melhor que o presente e se disporão a trabalhar bem em uma empresa em que esse futuro pareça possível. O núcleo da motivação reside no envolvimento das pessoas com as tarefas que realizam. Se não nos envolvermos e não nos apaixonarmos pelo que fazemos, dificilmente haverá um substituto sob outras formas de recompensa. Nem mesmo salários e benefícios podem ocupar esse lugar. Há pessoas bem remuneradas e pouco motivadas e é possível encontrar pessoas remuneradas abaixo do mercado que, mesmo assim, se dispõem a permanecer por causa do envolvimento com a tarefa que realizam. Isso não chega a resolver a questão porque se envolver com a tarefa parece dificilmente influenciável a partir do exterior. Esse envolvimento tem de brotar do próprio indivíduo.

Outro fator que pode contribuir para a motivação individual é o clima organizacional favorável. Podem ser encontrados diversos instrumentos de aferição de clima organizacional, que procuram sempre posicionar o clima de uma empresa específica em uma escala de mais a menos favorável. Também há divergências sobre o que seja um clima favorável. Traços de um clima organizacional favorável incluem cooperação, ausência de conflitos, calor e receptividade a iniciativas, aceitação das pessoas, ausência de pressão e um estilo gerencial menos autocrático e que envolve o uso da autoridade "de cima para baixo". Pode-se afirmar que clima favorável e motivação estão em um processo de causalidade circular e produzem um círculo *virtuoso*, ou seja, um causa o outro e ambos se alimentam reciprocamente.

O executivo deve ter papel fundamental na motivação de seus subordinados e pares, e isso se faz por diversos caminhos. A geração de um clima favorável, a criação de perspectivas futuras favoráveis, a maneira de exercer a autoridade, a forma de relacionar-se e comunicar-se com as pessoas são fatores que contribuem para criar e manter a motivação no ambiente de trabalho. E essas tarefas são próprias do executivo, que deve abraçá-las como indelegáveis.

Atualmente se reconhece que o trabalho nas organizações tende a uma descentralização maior que a que ocorria no passado. Isso se deve a diversos fatores. O tamanho maior das organizações, o aumento da complexidade das tarefas e objetivos e, especialmente, a melhor qualificação das pessoas que nelas trabalha converge para que se descentralizem tarefas e decisões que no passado ficavam restritas a uma cúpula relativamente reduzida. Equipes de trabalho (*work teams*) constituem, hoje em dia, instrumento muito utilizado para a descentralização. Portanto, é essencial que o executivo saiba constituir e gerir essas equipes.

Constituir equipes exige talento para perceber as competências e personalidades dos integrantes e saber combiná-los – a capacidade de combinar diversidades que resultem em algo melhor do que cada um dos membros produziria por si só. Já se disse que uma das razões da "sabedoria das equipes" (Katzenbach e Smith, 1994) é que nenhum indivíduo, por mais bem-dotado e capaz que seja, terá capacidade de ver as coisas de forma tão diversa e ao mesmo tempo tão abrangente como uma equipe. A equipe deve ter a própria marca e nunca ser apenas um espelho de quem a constituiu.

É até possível entender o estilo de gestão de um executivo como consistindo em construir equipes e mantê-las atuando como forma de levar adiante a empresa. Na verdade, tal imagem pode também ser mais claramente estendida para a esfera da administração pública. Um primeiro-ministro ou presidente da república, em regime presidencialista, que, além de chefe de Estado, é chefe de governo, pode ter sua atividade de administrador entendida como a capacidade de constituir boas e eficazes equipes de trabalho. Isso vale não só para designar as pessoas que constituem o "primeiro escalão", necessariamente de sua escolha, mas especialmente também as pessoas que estarão próximas a ele na gestão cotidiana da administração pública, por meio das várias equipes que integram seu gabinete. Se tomarmos o caso de nosso país, verificaremos que a Presidência da República engloba coisas tão diversas e importantes como um gabinete civil, um gabinete militar, uma assessoria pessoal do presidente, a secretaria da Presidência da República e uma assessoria para assuntos estratégicos, dentre muitos outros órgãos. Não há dúvida de que o sucesso de um presidente ou de um primeiro-ministro dependerá em grande medida de sua capacidade de montar e gerir equipes.

Na seqüência, outra característica esperada de um executivo é a capacidade, desejo e decisão de *empower* alguns de seus subordinados. O *empowerment* é um correlato da delegação, indo além. Na perspectiva da teoria clássica de administração, delegam-se tarefas, nunca responsabilidades, que permanecem necessariamente com aquele que delega. No *empowerment*, entende-se que a delegação é completa, ou seja, aquele que é *empowered* é inteiramente responsável por suas ações e decisões.

O *empowerment* exige do executivo que assume a responsabilidade por instituí-lo, como uma forma de gestão, grande preparo para poder apoiar seus subordinados e capacidade para articular decisões que podem não ser inteiramente convergentes. O *empowerment* pode ser visto como um bom companheiro das equipes de trabalho no processo de descentralização.

E, ainda, o *empowerment* pode encontrar barreiras nas diversas culturas organizacionais e mesmo nacionais. Em uma cultura autoritária e propensa à centralização, *empower* é mais difícil. Porque não só os superiores relutarão em *empower*, como os subordinados relutarão e até se recusarão a ser *empowered*. Preferem permanecer no padrão comportamental tradicional e usual da cultura, que é submeter-se e cumprir as ordens que lhes são transmitidas pelos superiores. Assim, eliminam-se os riscos. O *empowerment* é indicador de várias características de um estilo de gestão. Mostra que se atingiu maturidade, uma vez que a sua existência é o atestado de um clima de responsabilidade partilhada por todos os integrantes de uma organização. Atesta que todos atingiram um nível de conhecimento e informação e estão preparados para atuar como se fossem dotados de autonomia. Os vínculos de subordinação hierárquica tornam-se necessariamente mais tênues. Manifesta, ainda, a confiança de superiores em seus subordinados e acaba caracterizando um clima de maior democracia administrativa, em uma atividade que tradicionalmente é vista como hierárquica e na qual a autoridade reside em poucos.

A partir das características do *empowerment*, infere-se que o executivo, para *empower* seus subordinados e fazer do *empower-*

ment um instrumento de gestão, precisa ser pessoa imbuída de valores democráticos, que acredite em estilos participativos de gestão como mais adequados e eficazes, e que possua as habilidades sociais e de comunicação anteriormente abordadas. Não se pode negar que o *empowerment* carrega marcas de origem. No caso, da cultura e do estilo de gestão próprios de culturas anglo-saxônicas e, particularmente, dos Estados Unidos. À medida que nos afastamos dessas culturas e nos dirigimos, mesmo no Ocidente, a culturas em que a tradição de uma sociedade civil forte desaparece, tende-se a ter maiores problemas com o *empowerment*. Pode sobreviver como discurso, como forma de retórica, mas na verdade não é adotado na gestão de organizações. Trata-se freqüentemente de um discurso "para inglês ver" e não algo a ser efetivamente praticado.

Se as faces do gestor são a do burocrata, do empreendedor e do executivo, percebe-se que as expectativas sociais com relação a sua atuação são amplas, difíceis e complexas. Formar executivos, burocratas e empreendedores não é tarefa simples, e o sistema educacional que se propuser realizá-lo tem pela frente tarefa hercúlea. Seria muito difícil formar um deles – e impossível constituir os três – porque a cada uma das faces correspondem diferenças de personalidade. A matéria-prima do executivo pode não servir para o empreendedor e o material com que se forma o burocrata não serviria para o executivo ou para o empreendedor.

Nenhum sistema educacional que se proponha formar gestores diz exatamente o que fará. Porém, o conteúdo da maioria das escolas e programas de administração orienta para a formação do que classificamos neste texto como executivos e burocratas, raramente empreendedores. Pode haver algum conteúdo programático para empreendedores e empreendedorismo, especialmente nas áreas de estratégia e gestão de negócios, mas que não chega a formar empreendedores. Via de regra, esses programas relatam e analisam experiências de grandes empreendimentos e empreendedores. Pode haver algum apoio adicional sob a forma de experimentos como "incubadoras de empresas", contudo, não são centrais nos programas de administração, que ainda têm em disciplinas de conteúdo técnico a maioria de seus créditos.

capítulo 3

A Expansão da Pós-graduação

O crescimento da pós-graduação é fato marcante na educação brasileira. Ocorreu em todas as áreas, e não apenas em administração, juntamente com a reforma universitária de 1969. A expansão se deu tanto no *stricto sensu* (mestrado e doutorado) como no *lato sensu* (especialização e todas as modalidades de cursos abertos). Segundo dados fornecidos pela Capes no ano de 2002, o número total de programas de pós-graduação no Brasil era de 1.570, considerando os níveis de mestrado, mestrado profissionalizante e doutorado. As razões para esse crescimento são encontradas nas alterações ocorridas no interior do sistema educacional, bem como em função de novas demandas sociais por serviços educacionais.

No caso dos programas *stricto sensu* sua expansão está diretamente ligada à reforma da universidade e à necessidade de prover quadros de docentes e pesquisadores para o sistema. A legislação e os critérios de avaliação privilegiam as IES que possuem em seus quadros docentes pessoas com mestrados e doutorados. Dessa forma, mestrados e doutorados passaram a ser necessários ao ingresso e avanço em carreiras acadêmicas em grande número de IES. Dados da Capes mostraram que, no ano de 2002, foram titulados 22.735 estudantes no mestrado, 6.843 no doutorado e 686 no mestrado profissionalizante.

A especialização *lato sensu* teve sua expansão explicada por alterações no exercício profissional e nas demandas sociais por cursos de especialização de maneira geral. Fator decisivo para tal expansão foi a redefinição do processo educacional. Há pouco tempo, quando se indagava o que seria uma pessoa educada, a resposta era dada com facilidade. Geralmente, e especialmente dentro de uma tradição de origem européia, se entendia que quem tivesse concluído um curso de graduação era uma pessoa adequadamente educada e preparada para o exercício profissional.

A atualização profissional ou "reciclagem" se faria no exercício da profissão e pela leitura de algumas publicações das áreas de atuação respectivas. Encontros como congressos, convenções, conferências existiam, mas não com a freqüência dos dias atuais, sendo o número bem menor. A educação continuada é fenômeno recente. Explica-se pela aceleração no processo de mudança em geral e, mais especificamente, no universo das organizações em que administradores exercem suas atividades e pela acumulação, que se imagina maior e mais rápida de conhecimento. O somatório é a rápida obsolescência dos conhecimentos, técnicas e instrumentos necessários ao exercício da profissão de administrador.

Dessa maneira, não é incomum que, nos Estados Unidos e na Europa, portadores de um Master of Business Administration (MBA), curso de pós-graduação freqüentado depois de um curso de graduação com duração entre quatro e cinco anos, acabem por retornar a programas diversos de educação executiva. E por várias vezes ao longo de suas carreiras. Assim, tem-se um fenômeno extremo de escolarização que se traduz por nunca deixarmos a escola. Nos Estados Unidos, a expansão da pós-graduação, que no Brasil chamaríamos *lato sensu*, lá denominada de *executive education*, se inicia em meados da década de 1970. As grandes escolas de administração norte-americanas possuíam anteriormente cursos para executivos. O título genérico de *executive development courses* aplicava-se a programas oferecidos durante as férias escolares do verão do Hemisfério Norte, entre os meses de junho e agosto. Eram algumas semanas, e os programas, de tipo genérico, cobrindo as áreas funcionais tradicionais, coincidiam com as férias escolares. Durante o ano letivo, as escolas se voltavam ao MBA e aos programas de doutorado.

Com a expansão da *executive education*, as escolas criam setores, ocupados por profissionais com títulos de *directors* e *associate deans*, para cuidar exclusivamente das tarefas de oferecimento de programas durante o ano todo e não mais apenas nas férias de verão. Isso levou à ampliação de instalações físicas, chegando freqüentemente a situações em que tais programas passam a ser oferecidos fora do câmpus, em grandes áreas metropolitanas, ou em locais onde se facilita o acesso à clientela de profissionais de administração. Não é incomum que se aluguem espaços em hotéis, que também criaram instalações para abrigar esses programas. Pode-se também fugir do burburinho urbano e realizar cursos em aprazíveis locais, incorporando-se até mesmo elementos de contato com a natureza e uma dose de turismo ecológico.

O tamanho dos programas assume proporções que os tornam os grandes geradores de receita das escolas norte-americanas de administração de negócios. Mesmo escolas com grandes programas de MBA, com cerca de 2 mil alunos, passam a ter seu centro financeiro em programas de *executive education*. Em síntese, esses programas foram, em grande medida, responsáveis pela transformação das escolas de administração de negócios em negócios. A dinâmica desses programas passou a ser a do mercado, incorporando competição, entre as diversas escolas, por clientes e instrutores. Do ponto de vista do ensino, esses programas acabaram estabelecendo um parâmetro para aulas de administração. Não seria exagero afirmar que técnicas de apresentação, formas de prelecionar, uso de recursos didáticos com utilização de TI, e ainda os chamados efeitos estéticos nasceram em programas de *executive education* e foram depois transferidos para os programas mais formais de MBA. O professor capaz de atuar teatralmente, se possível como *showman*, tem sua origem e forma-se na educação continuada.

Avaliar esses programas é certamente tarefa bastante difícil. São julgados e avaliados pelo mercado, o que significa sua vida e morte, seu sucesso e insucesso estarem ligados diretamente aos alunos, que se tornam clientes e como tal se comportam e são tratados pelos docentes e responsáveis pela gestão dos programas. Se os cursos vendem os programas, são considerados bem-sucedidos e conseqüentemente a avaliação é positiva. Tratar os participantes como clientes os distancia dos alunos que freqüentam cursos de graduação, mestrado e doutorado. A condição de aluno implica aceitação de orientação por parte de docentes e de um orientador ou tutor. Programas são elaborados levando-se em conta o que os educadores consideram necessário à formação dos alunos. Não é o caso da *executive education*. Entende-se que, por ser profissionais, muitos deles em posições avançadas em suas carreiras, não cabe o tradicional relacionamento pedagógico. Em última instância, como clientes, decidem o que deve ser ensinado e o conteúdo dos programas e metodologias passam pelo crivo da clientela. Isso se faz, na maioria das vezes, de maneira explícita, pelo uso de sistemas de avaliação nos quais professores, cursos, instalações físicas, como qualidade dos serviços de hotelaria, são julgados da perspectiva de clientes que estão avaliando prestação de serviços.

Do lado das empresas, as escolas de administração e seus programas de educação executiva são tratados e cadastrados como fornecedores de serviços de treinamento. Isso faz que rotineiramente as empresas desenvolvam critérios que levam em conta preço, avaliações, referências dadas por outras empresas-clientes, imagem da escola no mercado etc.

Fica difícil produzir números sobre o tamanho desses programas. Pode-se perceber que são muito grandes. Tornaram-se importantes para as escolas de administração. Integram, juntamente com editoras, firmas de consultoria, escolas de administração, editores de revistas voltadas aos negócios, o que se chama *management industry*. O conteúdo dos cursos oferecidos atende possivelmente às necessidades dos clientes. Caso contrário, não existiriam, dada a dinâmica do mercado. É inevitável que modismos ocupem importante lugar na educação executiva. Isso se deve ao fato de que a administração é caracterizada por modismos, e não atendê-los pode acarretar sérios riscos para o profissional e para as organizações. Coisas como orçamento base zero, administração por objetivos, planejamento estratégico, desenvolvimento organizacional, reengenharia etc. tiveram todas seu momento de esplendor. Quando isso ocorria, poucas empresas ousariam contestá-las e as adotavam. Os programas de educação executiva têm de atender à demanda por cursos que ofereçam coisas da moda. Atualmente, podemos auscultar a "moda" e tomar seu pulso, navegando pelos diversos programas de educação executiva de escolas ao redor do mundo, e ver o que se oferece.

No Brasil, esses programas chegaram com pouco atraso. Já o início da década de 1980 assistiu ao florescimento deles. Organizações pioneiras e importantes no ensino de administração, como a Universidade de São Paulo, a Universidade Federal do Rio de Janeiro, por meio do Coppead, e da Fundação Getulio Vargas, tinham seus programas antes dos anos 1980. Mas é a partir daí que a expansão se dá. O que levou a que isso acontecesse entre nós? Razões não muito diversas das apontadas para o que aconteceu em outros países. As explicações dadas anteriormente se aplicam a nosso país com poucas adaptações.

A principal delas é que uma boa parte dos cursos e IES brasileiros já eram negócios antes do aparecimento das oportunidades da educação executiva. A maioria dos cursos de graduação que se instalou no país buscou boa remuneração aos proprietários de IES privadas. Não admira que organizações atentas a oportunidades de ganhos tenham sido atraídas pelas demandas por educação executiva. Essas oportunidades não atraíram apenas as IES, mas seus professores, que viram na educação executiva oportunidade de obter ganhos substancialmente superiores aos auferidos pela docência em programas regulares de graduação e mesmo de mestrado e doutorado.

Nunca se deve menosprezar a importância do mimetismo para explicar comportamentos. O fato de que isso ocorria nos países percebidos como líderes no processo econômico, e onde tem sede a maioria das empresas mundialmente bem-sucedidas, esclarece sua adoção por nossos profissionais de administração e por empresas nacionais e subsidiárias das multinacionais. Se nos países centrais, onde estão as matrizes, se vem adotando e estimulando a participação de pessoal em programas de educação executiva, por que não fazê-lo também nas subsidiárias? E a corrente mimética assim se expande e gera novos elos.

Como explicar a entrada das IES públicas e das privadas não lucrativas de forma intensa em programas de educação executiva? Certamente essas IES no Brasil acompanharam o que era feito pelas mais respeitáveis escolas de administração norte-americanas e européias e as imitaram.

Foram sensíveis à demanda por educação executiva existente na sociedade. Mas havia outro fator, de natureza financeira, de importância decisiva. As universidades públicas brasileiras e um reduzido número de privadas, que não são operadas como negócios, se caracterizaram por liderar a produção científica, como pode ser constatado pelas avaliações regularmente feitas pela Capes dos programas de mestrado e doutorado. São também as IES responsáveis por boa parte da pesquisa que se faz no país sobre administração. Sabidamente, essas atividades não são superavitárias. Nem o são tampouco os cursos de graduação da maioria dessas instituições. Porque gastam com programas de pesquisa, aprimoramento e reciclagem de professores no país e no exterior e ainda têm percentual significativo de seu corpo docente em regime de trabalho de 30 e 40 horas semanais, alguns com dedicação exclusiva à IES. Isso tudo implica custos substancialmente maiores que os incorridos por IES privadas, que operam como negócios, nas quais não há grande presença em educação *stricto sensu* e a maioria dos docentes é paga pela hora-aula ministrada.

Para essas IES, a educação executiva surgia como a forma de gerar receitas que pudessem até mesmo viabilizar financeiramente as instituições. A justificativa é a de que atividades de educação executiva, necessariamente superavitárias, aportavam recursos financeiros para suprir as dificuldades e ainda propiciavam adicionais de remuneração ao corpo docente, que, mesmo em regime de tempo integral, acaba com salários substancialmente inferiores aos oferecidos no mercado a executivos e consultores. Aqui não se pode omitir a crise financeira do Estado brasileiro. As universidades públicas passaram a ter orçamentos insuficientes, não só para pagar aos docentes salários compatíveis com o que era oferecido no mercado. Escassearam também os recursos para investimentos em ativos fixos, necessários para a incorporação de novas tecnologias de ensino.

A explicação se completava. Na verdade, por todas as razões apresentadas, a educação executiva se justificava como forma de aproximar as IES da comunidade empresarial, prestando um serviço, atendendo às demandas de docentes por complementação de remuneração e também aportando recursos para investimentos que o Estado não trazia, no caso das IES públicas. No caso das IES privadas, uma lógica de origem econômica justificaria a necessidade de ofertar bens privados (consultoria, educação executiva e outras atividades que obedeciam a uma racionalidade do mercado). Com o superávit cobrir-se-iam os custos incorridos com a produção de bens públicos (mestrados, doutorados, pesquisas, cursos de graduação e um corpo docente diferenciado e bem treinado).

CARACTERÍSTICAS DOS PROGRAMAS DE EDUCAÇÃO EXECUTIVA

O conteúdo e a duração de programas de educação executiva são bastante variáveis, como se espera que aconteça com atividades estreitamente vinculadas às demandas do mercado. Suas variações são tanto de duração como de conteúdo. Ainda se encontram muitos programas com conteúdos generalistas, entendendo-se aqueles que cobrem as diversas áreas funcionais de administração. A fonte geradora desses programas continua sendo o tradicional MBA norte-americano, em suas diversas adaptações e transformações.

O sucesso e a longevidade dos cursos com conteúdo generalista devem-se ao fato de muitos administradores não possuírem uma formação escolarizada em administração. São engenheiros, economistas, cientistas sociais, pedagogos etc. que entram nas empresas e se dirigem para uma carreira de executivos. Não é incomum que a demanda das empresas-clientes seja por cursos generalistas, ou seja, cobrindo as diversas áreas funcionais de administração (operações, vendas, finanças, marketing, RH, suprimentos etc.), a fim de gerar o que designam uma *linguagem comum* entre as pessoas e as diversas áreas.

Há também programas oferecidos cobrindo áreas ou tópicos específicos. Assim, podem ser encontrados cursos de uma única área funcional (finanças, operações, vendas, marketing, recursos humanos etc.). Aqui o que se busca é cobrir áreas em que a empresa-cliente considera seu pessoal particularmente necessitado de formação. Não se pode desconsiderar na escolha de conteúdos o papel desempenhado por "modismos". Pela própria natureza, são voláteis, têm o seu ciclo de vida geralmente curto e podem ser muito demandados durante o pico de seu ciclo. Assim foi com programas de reengenharia, TQM, orçamento base zero e tantos outros. Nem sempre é fácil diagnosticar um modismo. Há os que vêm para ficar e outros desaparecem após um brilho efêmero. No momento atual, temos muita demanda por gestão de competências, *balanced scorecard* (BSC), *supply chain*, gestão de projetos, sendo difícil saber se são modismos ou se permanecerão.

Outra grande forma de dividir cursos de educação executiva é mantê-los *abertos* ou *in company*. Os abertos são oferecidos por instituições ao público interessado. O mercado que se pretende atingir é formado por pessoas, independentemente do envolvimento das empresas ou de outras organizações às quais os interessados possam estar associados. Pode haver um processo seletivo, mais ou menos rigoroso, dependendo do perfil e dos objetivos da instituição que oferece os programas. Caso esteja voltada a segmentos mais elevados do mercado, a seleção se fará com base nos cargos ocupados pelas pessoas nas organizações em que atuam. Isso implica em alguma estratificação de instituições na esfera de educação executiva, à semelhança do que ocorre com cursos regulares de graduação. Há aquelas que procuram atingir a alta administração e outras que buscam níveis intermediários e mesmo administradores de primeiro nível ou supervisores.

A Fundação Dom Cabral firmou-se como instituição dedicada exclusivamente à educação executiva e com itinerário, imagem e perfil de buscar apenas a cúpula, descendo até o piso do terço superior da pirâmide organizacional. Isso resulta em uma instituição diferenciada e com programas e docentes igualmente diferenciados.

Há ainda algumas instituições que se dirigem aos diversos níveis com amplo leque de programas, em que se busca atingir os mais diversos segmentos do mercado. O exemplo mais característico é o da Fundação Getulio Vargas. Organização tradicional e de vanguarda na introdução da administração pública e de empresas no país, desenvolveu imagem de excelência e seus cursos são vistos como formadores de uma elite de administradores e servidores públicos. Mas, mudanças ocorreram naquela instituição, que, sem deixar de cuidar da imagem adquirida, passou a oferecer cursos de educação executiva em um processo de massificação. Na verdade, vem utilizando as modernas tecnologias de ensino a distância e introduziu a prática da parceira por meio de convênios. Dessa forma, distribui seus cursos por uma ampla rede de organizações conveniadas. Mesmo na rede de parceiros conveniados se oferecem cursos para os diversos públicos. Há desde cursos básicos, tanto generalistas como por áreas funcionais, até programas oferecidos a diretores e integrantes de conselhos de administração. A analogia que se pode fazer é com a empresa multidivisionalizada, em que as divisões são unidades que agregam tipos diferentes de produtos.

Na Tabela 3.1, a seguir, é apresentado o número médio de cursos de pós-graduação *lato sensu* presenciais e a distância por categoria administrativa, ou seja, pública e privada, no Brasil nos anos de 2002 e 2003.

Tabela 3.1 Cursos de pós-graduação *lato sensu*, presenciais e a distância – Brasil, 2002-2003

Categoria Administrativa	Presencial		A Distância	
	2002	2003	2002	2003
Pública	21,9	24,2	5,3	4,2
Privada	8,2	8,7	3,2	2,9

Fonte: Deaes/Inep/MEC.

Além dos programas *abertos*, há os chamados programas *in company*. Diferentemente dos abertos, aqui o objetivo do esforço da instituição é atingir a empresa ou a organização. No caso, os cursos são oferecidos apenas às pessoas que pertencem aos quadros da empresa que contrata o programa. Isso implica várias mudanças. O processo seletivo é apenas parcialmente controlado pela instituição que conduz o programa. A empresa-cliente também passa a desempenhar papel decisivo na escolha de quem participará do programa. Outra mudança diz respeito aos conteúdos que geralmente são decididos com maior participação da empresa-cliente. Esses programas contam ainda com maior comprometimento de parte dos participantes, uma vez que são responsáveis não só ante a instituição que oferece o curso, mas especialmente perante seu empregador, que paga o curso integralmente ou determinado percentual.

Os cursos *in company* têm crescido e vêm aumentando sua contribuição às receitas dos programas de educação executiva, quando comparados aos cursos *abertos*. Parecem também contar com a preferência tanto de gestores dos programas nas instituições como dos professores que ensinam. Isso pelo fato de haver maior envolvimento e empenho dos participantes. Nos cursos *abertos* o comprometimento é menor e a probabilidade de se ter um aluno meramente "espectador", sem maior dedicação, tende a crescer.

Atualmente, pode-se afirmar que cursos *in company* constituem uma frente de expansão da educação executiva, com chances maiores de crescimento que os cursos abertos. As empresas também os preferem por ser mais controláveis, e se acoplar melhor aos programas e diretrizes internas sobre treinamento e desenvolvimento de pessoas e de carreiras. Não é incomum que até prefiram que sejam conduzidos nas dependências da própria empresa.

A educação executiva vem sofrendo mudanças no sentido de incorporar o conceito de "customização". Sua origem é na área de marketing e trata de adequar produtos e serviços ao cliente (*customer*). Resulta de toda uma filosofia na qual o cliente é quem decide, em última instância, o sucesso de um negócio. Nada importa se o produto/serviço não for comprado. Pressupõe-se que a compra dependerá do atendimento pleno das expectativas e necessidades do cliente. A "customização" tem ainda o condão de tentar reverter uma tendência tradicional da sociedade industrial que é a massificação e conseqüente padronização. Produtos industrializados desde cedo eram produzidos em massa, devendo ser necessariamente homogêneos. Embora seu sucesso tenha sido inegável e eles continuem atendendo à grande maioria dos consumidores, as diferenças, sofisticações e aumento da complexidade do mercado fizeram que surgisse a idéia de "customizar", adequando a cada cliente o produto ou serviço que se vende.

Trazido para a esfera da educação executiva, o conceito de customização implica desenvolver programas adequados às necessidades do cliente. Certamente, isso se aplica prioritariamente aos programas *in company*. Como o termo customização carrega uma imagem positiva e de prestígio no mundo dos negócios, não é de estranhar que, freqüentemente, se fale em programas customizados, distintos dos cursos "de prateleira". Resultam de maiores exigências do cliente que não quer ser objeto de um tratamento massificado. Não quer comprar os mesmos cursos padronizados (de prateleira), vendidos à clientela de programas *abertos*. Também se vê como tendo necessidades específicas de treinamento, capacitação ou atualização que não podem ser atendidas por cursos padronizados.

Todavia, o oferecimento de cursos customizados não é tão fácil de ser levado adiante. Implica no envolvimento do cliente e da instituição responsável pelos cursos. Na prática, é necessário alocar tempo e pessoas de ambas as partes. A empresa-cliente demanda customização, porém, segundo muitas instituições, não faz completamente sua lição de casa quando se trata de contribuir com conteúdo, informações e muitas horas envolvidas na preparação. Um curso adequadamente customizado pode demandar longa preparação. Várias horas de trabalho de diversas pessoas para cada hora de aula efetivamente ministrada. Há, ainda, a delicada, mas importante, questão do custo para o cliente. Quando o curso não é customizado, o tempo alocado é basicamente o número de horas que os instrutores permanecem em sala de aula ou em algumas outras atividades de acompanhamento, discussão de casos ou correção de trabalhos – sempre fáceis de estimar e cobrar. Quando se passa à customização, a questão é saber quanto e como o cliente está disposto a pagar pelo tempo das pessoas da instituição de ensino envolvidas no processo. A tendência seria cobrar à base de horas de consultoria. Isso naturalmente poderia acarretar substanciais aumentos, se comparados com horas de cursos "de prateleira".

A PANDEMIA DE MBAs

As três letras MBA formam a sigla em inglês de Master of Business Administration, que nos Estados Unidos é considerado um grau de mestrado profissional. Em nosso país, a única semelhança é com a própria sigla, ou seja, as três letras. No restante, o MBA brasileiro pouco parece com o original norte-americano, do qual pretende ser uma versão nacional ou tropicalizada.

Para poder aquilatar as diferenças, é bom rever as características do MBA original. Nas escolas norte-americanas e européias de primeira linha, o MBA é um curso generalista. Isso quer dizer que ensina todas as áreas funcionais de administração. Ainda é estruturado em termos de áreas funcionais. É um curso ministrado em regime de tempo integral e exige dos participantes residência na universidade de dois anos letivos, o que equivale a aproximadamente 22 meses. A maior parte dos créditos é atribuída por um conjunto de cursos (*core courses*) que constitui as disciplinas obrigatórias. Aqui, temos o núcleo do curso, em que encontramos comportamento organizacional, marketing, finanças, contabilidade gerencial, operações, estratégia empresarial, economia de empresas, métodos quantitativos/estatística e tecnologia de informações. Os cursos obrigatórios, em geral, respondem por cerca de 2/3 a 3/4 do curso. O que resta para disciplinas eletivas é pouco. Trata-se de um curso pouco flexível.

Embora seja um sucesso nos Estados Unidos e em alguns outros países europeus que adotaram o modelo norte-americano, não deixa de ser criticado. Os MBAs nos Estados Unidos começaram a ser criticados desde o momento em que foram criados. Não preparariam empreendedores, mas apenas gerentes burocratizados. Essa crítica vem dos setores que acham que o administrar não pode prescindir de talentos e habilidades empreendedoras. Estão muito distantes da prática. Na verdade, o que se ensina nos cursos pouco tem a ver com o que acontece nas empresas. Os professores freqüentemente não têm vivência de administração. Isso se teria agravado com o aumento do prestígio das escolas de administração no mundo acadêmico. Para conquistar tal prestígio, professores de administração adotaram modelos de treinamento e de produção científica que tendem a aproximá-los das ciências sociais, em algumas disciplinas, e das ciências exatas, em outras. O resultado é a possibilidade de se tornar professor de uma escola de prestígio sendo um competente pesquisador acadêmico, porém sem nunca ter entrado em uma empresa. Um crítico feroz de MBAs é o professor canadense Henry Mintzberg (2006), que vem há tempos proclamando a necessidade de se formar administradores e não MBAs.

Em nosso país, essas críticas são conhecidas de poucos. Ficou o fascínio com a sigla e as três letrinhas passaram a enfeitar os mais diversos tipos de cursos de educação executiva, cujos conteúdos nem remotamente se aproximam do produto original. Embora tenham se registrado algumas tentativas espúrias de chamar MBAs cursos de curta duração, acabou por se consolidar um programa de aproximadamente um ano de duração, em regime de tempo parcial, que confere um certificado depois de cumpridos os créditos por freqüência às disciplinas e pela redação de uma monografia, semelhante a um trabalho de conclusão de curso (TCC).

Há MBAs generalistas, como o do Ibmec, em que se mantém alguma aderência ao original norte-americano, ensinando as diversas áreas funcionais, e há modelos especializados, como os MBAs da Universidade de São Paulo, oferecidos em áreas funcionais específicas. Dessa forma, é possível obter um MBA em finanças, ou em marketing ou em recursos humanos e assim por diante.

O fascínio com a sigla e a hábil exploração realizada por diversas instituições de ensino acabou por tornar o MBA um excelente produto de educação executiva. Existe há quase duas décadas e continua sendo vendido e comprado. Muitas empresas ainda exigem que cursos oferecidos *in company* recebam ao final um certificado de MBA. Difícil prever o que acontecerá. Mas, como assumiu entre nós muitas características de modismo, não seria estranho que viesse a declinar. Há quem já fale em um desgaste da sigla.

Entretanto, restou entre nós um curso que se aproxima do MBA norte-americano. É o Mestrado Profissional em Administração (MPA), oferecido por poucas escolas, que teve dificuldades em posicionar-se no contexto da pós-graduação brasileira. A nossa pós-graduação, ao definir o que seja *stricto* e *lato sensu*, acaba por tornar uma contradição em termos os mestrados profissionais. A rigor, o que é profissional seria *lato sensu*, portanto da esfera da especialização e não merece o diploma e título de mestre, mas apenas um certificado.

No entanto, faculdades claramente profissionais, como medicina, direito e engenharia, para citar as mais tradicionais, têm como principal objetivo formar advogados, médicos e engenheiros que exerçam efetivamente as profissões para as quais foram preparados. Muitos desses profissionais procuram um mestrado não com o intuito de se tornar acadêmicos (professores e pesquisadores), mas buscam o aprimoramento e a atualização profissional. Nada mais razoável que lhes conferir um grau de mestre, obtido em um programa de mestrado profissional, como ocorre em outros países. Durante muito tempo, essa batalha foi perdida nos colegiados responsáveis pela gestão da pós-graduação brasileira. Apenas relutantemente se aprovaram os mestrados profissionais e até hoje não há acordo sobre como avaliá-los. Na verdade, conferem um diploma de mestre, por ser considerados cursos *stricto sensu*, porém, até o momento, vêm sendo avaliados pela Capes segundo os mesmos critérios usados para avaliação dos mestrados acadêmicos.

Em administração, os MPAs foram originalmente oferecidos por três instituições mais tradicionais: a Fundação Getulio Vargas, em São Paulo, a Universidade Federal do Rio Grande do Sul e a Universidade Federal da Bahia. Nos últimos anos, um número maior de programas ligados a IES privadas passaram a oferecer MPAs. Tanto setores de RH das empresas como indivíduos interessados em educação executiva freqüentemente se mostram confusos diante da proliferação de siglas e não são capazes de diferenciar entre MBAs e MPAs.

Não há ainda claras definições sobre o que deva ser entre nós um MPA. As autoridades educacionais definiram nitidamente, pela Capes, os mestrados acadêmicos. Mas não se possuem ainda critérios claros sobre como avaliar um mestrado profissional. As dúvidas se iniciam pela constituição do corpo docente. Qual a percentagem de doutores que seria exigida? Admitir-se-iam profissionais sem titulação se fossem capazes de trazer ao curso uma contribuição relevante e necessária? Em que porcentagem? E sobre a natureza da dissertação ou trabalho de conclusão de um mestrado profissional? Esperam-se trabalhos científicos ou admite-se que os trabalhos devam ser profissionalmente relevantes? Nesse caso, a dissertação se localizaria necessariamente no âmbito da prática administrativa.

Essas questões deverão ir encontrando solução à medida que os mestrados profissionais tiverem um futuro promissor. A formação de professores e pesquisadores se encaminha para o doutorado, já tendendo a fazer do mestrado uma breve passagem, como em outras áreas. A legislação já permite a transferência do mestrado para o doutorado, mesmo sem a conclusão deste. A expansão do *stricto sensu* se fará com a ampliação do número de mestrados profissionais mais do que os acadêmicos. Se adicionarmos a essas razões a expansão de matrículas na graduação, que é meta permanente do governo, será difícil imaginar que mestres profissionais não venham a ser docentes em cursos de graduação.

Sobre essa questão, é possível observar na Tabela 3.2, a seguir, de acordo com o Censo de Educação Superior, a distribuição percentual do número de funções docentes em exercício, por grau de formação, segundo a categoria administrativa no Brasil nos anos de 1994, 1998, 2002 e 2003.

Tabela 3.2 Distribuição percentual do número de funções docentes em exercício – Brasil, 1994, 1998, 2002 e 2003

Ano	Grau de Formação	Total N°	Total %	Pública N°	Pública %	Privada N°	Privada %
1994	Total	**141.482**	100,0	75.285	100,0	66.197	100,0
	Até Especialização	**86.625**	61,2	37.167	49,4	49.458	74,7
	Mestrado	**33.531**	23,7	21.268	28,2	12.263	18,5
	Doutorado	**21.326**	15,1	16.850	22,4	4.476	6,8
1998	Total	**165.122**	100,0	83.738	100,0	81.384	100,0
	Até Especialização	**88.567**	53,6	35.121	41,9	53.446	65,7
	Mestrado	**45.482**	27,5	25.073	29,9	20.409	25,1
	Doutorado	**31.073**	18,9	23.544	28,2	7.529	9,2

(continua)

Tabela 3.2 Distribuição percentual do número de funções docentes em exercício – Brasil, 1994, 1998, 2002 e 2003 (cont.)

Ano	Grau de Formação	Total Nº	Total %	Pública Nº	Pública %	Privada Nº	Privada %
2002	Total	227.844	100,0	84.006	100,0	143.838	100,0
	Até Especialização	101.153	44,4	28.894	34,4	72.259	50,2
	Mestrado	77.404	34,0	23.014	27,4	54.390	37,8
	Doutorado	49.287	21,6	32.098	38,2	17.189	12,0
2003	Total	254.153	100,0	88.795	100,0	165.358	100,0
	Até Especialização	110.378	43,4	29.536	33,2	80.842	48,9
	Mestrado	89.288	35,1	24.229	27,3	65.059	39,3
	Doutorado	54.487	21,5	35.030	39,5	19.457	11,8

Fonte: Deaes/Inep/MEC.

PROGRAMAS DE ESPECIALIZAÇÃO

Não se pode deixar de tratar dos cursos de especialização que, entre nós, se desenvolveram como parte da expansão da pós-graduação. Inicialmente, seriam cursos profissionais, já que inseridos no *lato sensu* pela legislação. Porém, rapidamente, acabariam por assumir papel supletivo da pós-graduação *stricto sensu*, na medida em que o título de *especialista*, conferido aos que concluíam os cursos de especialização, os habilitava ao magistério universitário. Atualmente, há milhares de cursos de especialização com duração e carga horária de no mínimo 360 horas, estabelecidas pelo MEC. Além do cumprimento da carga horária, é necessário, ao final, redigir uma monografia, equivalendo a um trabalho de conclusão de curso. O título de *especialista* é conferido àqueles que redigem e obtêm aprovação na monografia. Até recentemente, o especialista era visto como o título predominante ou modal para o magistério universitário em cursos de graduação. Ainda hoje, dados do MEC, que foram obtidos quando da realização do extinto Exame Nacional de Cursos (Provão), mostram que o percentual de especialistas ensinando em diversos cursos de graduação é significativo. Foi durante a última década que se passou a enfatizar a necessidade de ter um percentual mais elevado de mestres e doutores no corpo docente dos programas, mesmo de graduação. Mas isso não elimina de todo a importância da especialização para a área de administração.

Os cursos de especialização têm uma carga horária mínima de 360 horas que devem ser cumpridas em áreas específicas. Isso acabou resultando em programas quase sempre voltados às áreas funcionais (marketing, RH, finanças, operações etc.) e também norteando a monografia para tema ligado a uma área funcional. Daí se designarem freqüentemente especialistas em finanças, marketing etc.

Com a rápida expansão das matrículas no terceiro grau ocorridas nas últimas décadas, não se pode negar a importância que os cursos de especialização tiveram como formadores de professores. Na realidade os programas de mestrado, e ainda mais os de doutorado, sempre mantiveram um caráter mais restrito. A busca foi de excelência acadêmica, definida em termos de formação de pesquisadores e não necessariamente de pessoas habilitadas a entrar em salas de aula quase sempre numerosas, que caracterizam os cursos de graduação.

Hoje, temos no país quase 4 milhões de matrículas em cursos de graduação. O governo se propõe atingir 10 milhões até o final da década. Isso levando-se em conta que, em termos relativos, o percentual da população em idade de freqüentar a universidade em nosso país e que está efetivamente matriculada é ainda muito reduzido. Se considerarmos os dados atuais, isso não chegaria a 10%, enquanto há países em que essa porcentagem atinge 80%. Em nossos vizinhos da América Latina, como Chile e Argentina, esses percentuais estão ao redor de 40%. Ora, seria difícil imaginar que programas de mestrado e doutorado fossem capazes de formar o imenso contingente de docentes necessário para atender a tal expansão em tão reduzido tempo. Se considerarmos que temos no momento cerca de 60 cursos de mestrado e ao redor de 15 doutorados, com número reduzido de ingressantes, veremos que a especialização não pode deixar de ter um promissor futuro. Não sabemos ainda que tipos de cursos serão necessários no futuro. Mas deverão formar professores capazes de lecionar para cerca de 1,2 milhão a 1,7 milhão de alunos de graduação, se mantida a atual relação entre matrículas em administração e a totalidade de matrículas no terceiro grau. A partir dessas perspectivas, cursos de especialização seriam os grandes formadores de professores para a graduação.

Portanto, os cursos deveriam não apenas possuir um conteúdo programático vinculado a áreas funcionais específicas de administração, mas também incluir disciplinas ligadas à capacitação didática, inclusive tecnologia de instrução e uso de recursos de ensino diversos em sala de aula.

Ao continuar com essa exploração sobre um possível futuro, não se deve descartar a possibilidade de utilização dos meios de educação a distância. Atualmente já engatinham, porém ainda não se massificaram. É bastante provável que, com o aumento do percentual da população com acesso à Web, essa venha a ser amplamente utilizada, reduzindo a necessidade de aulas presenciais. Assim se reduziria a necessidade de professores para ministrar aulas presenciais, entretanto aumentaria a necessidade do docente capacitado a preparar materiais e a projetar cursos para o meio virtual.

O PNPG-2005-2010, editado pelo MEC em princípios de 2005, prevê substancial expansão da pós-graduação *stricto sensu*, aumentando o número de mestres e doutores. Não seria exagero afirmar que se prepara uma massificação do *stricto sensu*, à semelhança do que já ocorreu com a graduação. Isso implicaria no fim da especialização como formação supletiva do mestrado e do doutorado na formação de docentes para o ensino de terceiro grau. A legislação estabelece que 50% do corpo docente deve possuir pós-graduação com uma combinação variável de mestres e doutores. Especialistas teriam, dessa forma, um espaço relativo reduzido. Se considerarmos a pouca probabilidade de mestres e doutores se titularem na velocidade requerida para preencher os quadros docentes que resultariam da expansão prevista de 4 milhões para 10 milhões de matrículas, conclui-se que haverá espaço e necessidade de especialistas. O nome poderá mudar, mas serão pessoas que ensinarão no terceiro grau, não serão nem mestres nem doutores e terão alguma formação além da graduação.

AS UNIVERSIDADES CORPORATIVAS

As universidades corporativas (UCs) são recentes no universo do ensino de administração. Como de hábito, sua origem as situa nos Estados Unidos, onde existem há cerca de um quarto de século. Em nosso país ainda se encontram em fase embrionária, não sendo fácil prognosticar o futuro dessas instituições.

Surgiram, inegavelmente, a partir da extensão das atividades de treinamento e desenvolvimento (T&D) da área de recursos humanos. Porém, outras razões são apresentadas para seu aparecimento. Talvez a principal seja a lacuna sempre apontada entre a universidade tradicional e a prática profissional. Outra poderia ser a customização, da qual já falamos. As necessidades de capacitação específicas de cada empresa não poderiam ser satisfeitas por uma universidade que necessariamente se posiciona em nível de maior generalização. Dessa forma, é possível obter na universidade cultura e conhecimento administrativo de natureza mais ampla, bem fundamentada e geral, não sendo possível desenvolver habilidades e prover instrumentos para a gestão e voltados à problemática específica de cada empresa em particular. Essa lacuna é que seria coberta pela universidade corporativa ao tentar qualificar o pessoal da organização.

Podem ainda ser adicionadas outras razões, mas que não são dotadas de singularidade. Assim, a justificativa para a criação de UCs se apóia na repetição de fatos já bastante divulgados, como a necessidade de educação continuada em razão da rapidez da mudança, aumento da competitividade, globalização da economia, aceleração nos processos de comunicação, importância crescente de equipes etc.

Até o momento, não é possível afirmar que as UCs tenham assumido papel de importância no ensino e, menos ainda, na pesquisa de administração. Não se propõe uma função social, ou seja, geradora de bens públicos, como produção de conhecimento e titulação de mestres e doutores. Circunscrevem sua esfera ao mundo da empresa em que estão inseridas, na qual procuram desempenhar uma função que até agora tem mais as características de uma atividade supletiva e complementar da universidade propriamente dita, não procurando substituí-la.

O que justifica a colocação da UC como pós-graduação é o fato de que seus "alunos", nas empresas respectivas, já possuem um curso de graduação, ou mesmo outros cursos de pós-graduação.

Em muitas empresas ainda é difícil distinguir se a UC realmente se afirma como algo diverso das tradicionais funções de RH ou gestão de pessoas voltadas ao antigo treinamento e desenvolvimento. Algumas empresas dão início ao projeto de forma bombástica. Outras, mais discretamente. Estruturas organizacionais e projetos de UCs são bastante flexíveis. Podem requerer sede própria, com instalações e o necessário investimento em ativo fixo sob a forma de salas de aula, laboratórios de informática, bibliotecas, salas de apoio, ou podem aproveitar instalações já existentes na empresa. Também, podem adotar uma grande diversidade de técnicas e metodologias de ensino, desde a tradicional aula presencial até a educação a distância, com uso de

Internet e TV executiva. Com relação ao corpo docente, há ainda diversas possibilidades. Desde professores vinculados à UC e que podem trabalhar em regime de tempo integral até os que são pagos por aulas efetivamente ministradas, conferencistas externos, consultores e pessoal da própria empresa que também podem atuar como docentes. Não se exclui a possibilidade de que UCs celebrem diversos tipos de parcerias, incluindo acordos com outras universidades, escolas de administração de negócios e empresas que se especializem em educação executiva.

No Brasil, as UCs surgiram na década final do século passado. A razão foi seguramente o mimetismo do que ocorria no exterior e, mais especificamente, nos Estados Unidos. Freqüentemente, se tratava de fazer nas subsidiárias de multinacionais aquilo que já vinha sendo praticado nos países de origem. Entretanto, o movimento acabou também atingindo empresas brasileiras, como a TAM e a Ambev, entre outras. Até o momento, poucas se consolidaram ou assumiram maior visibilidade. O trabalho de Marisa Eboli (2004) fala em um salto de aproximadamente 20 para cerca de 100 UCs no Brasil em apenas cinco anos. Dentre as empresas mencionadas, estão Sadia, ABN-Amro Real, BankBoston, Carrefour, Sabesp, Embratel, Siemens, Alcatel e Natura.

Não é possível afirmar que UCs tenham transferido para as empresas as atividades de educação executiva. Poder-se-ia pensar que as empresas estariam fazendo com a educação executiva aquilo que já haviam feito em suas estratégias de diversificação em décadas passadas, ou seja, internalizar funções que anteriormente se encontravam fora da empresa. Quando se adotava uma estratégia de verticalização, se compravam ou produziam insumos que antes eram adquiridos de fornecedores. Seria o caso de "verticalizar" a educação. Em vez de enviar profissionais às escolas de administração para ser reciclados em cursos de educação continuada, passa-se a reciclá-los na própria empresa, em UCs próprias. O que as UCs até o momento fizeram foi desenvolver cursos e programas que melhor atendam às suas necessidades específicas de treinamento e capacitação de pessoal, ou seja, desenvolvimento de recursos humanos. Isso levou a maioria das UCs a se dedicar a cursos técnicos, muitas vezes operativos, como o caso da UC da MacDonald's, e se distanciar de cursos de administração. Na verdade, não tratariam de *management*, que continua a ser buscado em escolas de administração ligadas a universidades. Portanto, quando se trata de treinar ou reciclar pessoal em questões de gestão financeira, comercial, de pessoas, de suprimentos, estratégia etc., é provável que uma UC envie, por meio de parcerias ou de contratos, os funcionários para universidades e escolas de administração tradicionais.

Observa-se, ainda, que UCs podem dedicar-se a oferecer cursos em áreas necessárias, mas em que as pessoas possam estar carecendo de treinamento. Seria o caso de cursos em língua estrangeira, como o inglês, freqüentemente reconhecido como necessário a muitas pessoas na organização, e outros, cobrindo os vários aspectos da tecnologia da informação.

Quando se fala na especificidade do treinamento, uma questão levantada e que serve para justificar a criação de UCs é a relação entre gastos com desenvolvimento de pessoal e melhoria de desempenho. Se considerarmos a maneira como se avalia hoje qualidade de gestão, dir-se-ia que todo investimento deve proporcionar um retorno palpável que seja uma adição de valor aos diversos *stakeholders*, especialmente ao acionista. A lógica utilizada é a da análise de investimentos. Se vamos investir determinada quantia na expansão da capacidade produtiva ou na criação de novas lojas, indaga-se qual o retorno sobre esse investimento, qual sua rentabilidade e que valor acaba adicionando à empresa em termos de valor de mercado. Ora, quando tratamos de gastos ou investimentos em educar ou reciclar pessoas, indaga-se, dentro da mesma lógica, qual o retorno que tais investimentos teriam para a empresa. Não é possível avaliar o impacto ou a contribuição de treinamento e aprimoramento de pessoas para o valor de mercado de uma empresa, ou para criação de valor para o acionista. Porém, aproximações são possíveis e, dentre elas se pensa imediatamente no desempenho e, mais especificamente, no desempenho de uma área diretamente ligada às pessoas que passaram por algum processo de reciclagem ou aprimoramento educacional.

Todavia, o surgimento das UCs indica possivelmente o encerramento de uma prática secular que é a de a educação ser conduzida exclusivamente em instituições educacionais. Mesmo que UCs, universidades e escolas continuem a existir simultaneamente, havendo uma divisão de tarefas, fica evidente que o monopólio escolar terminou. Em nosso país, já se pode constatar a presença de algumas empresas em atividades educacionais. Hoje, já é legalmente permitido a empresas, desde que cumpram determinados requisitos, oferecer até mestrados profissionais. Os requisitos dizem respeito à titulação do corpo docente, instalações adequadas, como laboratórios, bibliotecas etc. Uma crítica já feita a nossa sociedade é que ela se escolarizou excessivamente. Muitas coisas que poderiam ser apreendidas pelo treinamento no trabalho, como nas antigas corporações de ofícios, entre mestres e aprendizes, hoje demandam freqüência a cursos em diversos níveis. As UCs, paradoxalmente, podem estar sinalizando o fim da escola tradicional, mas não necessariamente o fim da escolarização, visto que as empresas passaram a assumir funções educacionais, transcendendo a condição de organizações exclusivamente econômicas.

TENDÊNCIAS E PERSPECTIVAS DA EDUCAÇÃO CORPORATIVA

É difícil imaginar, atualmente, um cenário futuro no qual a educação executiva não continue sendo importante. Todas as coisas convergem para que ela não só se mantenha, mas tenda ao crescimento, por diversos caminhos, com grande diversidade de programas, cursos e produtos. A sustentação do crescimento se deve ao fato de que a competitividade entre pessoas aumentou no mercado de trabalho e no interior das empresas. A alteração na estrutura organizacional, com drástica redução do número de níveis hierárquicos, contribuiu para que a vida das pessoas se tornasse mais difícil, competitiva e estressante nas empresas. Quando predominava um formato organizacional com muitos níveis, as carreiras se adequavam a tal estrutura. Ao longo de uma vida, o profissional caminhava em sua carreira ascendendo os diversos degraus da escada hierárquica. Hoje, os níveis são poucos, e os que não ascendem tendem a ser eliminados. Nos dias atuais, quando têm ao redor de 40 anos, as pessoas já sabem se estão ou não incluídas no estreito círculo dos *promotables*, ou seja, daqueles que têm chances de chegar ao terço final da estrutura organizacional. Os que estiverem fora sabem que serão provavelmente substituídos por pessoas mais jovens e que representem para a empresa custos menores.

Tomemos o exemplo de um grande banco de varejo em nosso país. Se o banco tiver hipoteticamente mil agências na sua rede física, isso significará cerca de 4 mil a 5 mil gerentes, incluindo o gerente principal da agência e os diversos gerentes-adjuntos ou subgerentes. O nível hierárquico imediato é o de superintendente ou diretor regional, dependendo da nomenclatura. Se um banco de varejo tiver 4 mil a 5 mil gerentes, não terá mais que 400 deles no nível imediatamente acima. A relação de competitividade é de 1 para 10, caso o banco opte por uma política de recursos humanos de promover exclusivamente a partir de dentro. Nesse caso, fica no ar a questão do destino dos nove que não serão promovidos. Permanecerão gerenciando uma agência até a hora em que se aposentarem, com 60 anos ou mais? A resposta é obvia. Para que um(a) executivo(a) atinja a condição de sexagenário(a), somente se estiver na cúpula, em posições de conselho e diretoria. Esse exemplo pode ser estendido a empresas de outros ramos, no comércio, na indústria e nos serviços, e percebe-se o que significa a competitividade que se estabelece no interior das empresas.

Acredita-se que a educação permanente pode ser uma das credenciais para se permanecer empregado e ainda criar oportunidades para promoções por aquisição de novas competências. Isso faz que a demanda por educação executiva venha aumentando e provavelmente não se reduza no futuro.

Do ponto de vista das escolas de administração, universidades e empresas dedicadas à educação executiva, é um bom negócio. Mesmo nos Estados Unidos, onde universidades são sempre dadas como exemplos bem-sucedidos de organizações sociais (*non profit organizations*), as grandes e prestigiosas escolas de Administração de Negócios são reconhecidamente grandes e bons negócios.

Como já mencionado, a clientela tende a se tornar mais exigente, não mais se satisfazendo, à medida que o tempo passa, com os chamados cursos "de prateleira". Trata-se de programas com conteúdos já conhecidos e sedimentados, que podem ser oferecidos indistintamente a um grande número de clientes. A pressão por customização será crescente e as instituições envolvidas com educação executiva terão de se adequar. O aumento do segmento de cursos *in company* indica exatamente esse aumento de exigência das empresas e pessoas-clientes por conteúdos mais adequados à problemática da companhia. Empresas começarão a exigir crescentemente resultados ou retornos de programas de educação executiva. Eles deixarão de ser vistos como um quase-benefício que se oferece ao empregado, para ser vistos como um instrumento a ser utilizado no aprimoramento do profissional, com reflexos na área de atuação respectiva e afetando positivamente o desempenho da empresa ou de parte dela.

A competitividade do sistema econômico, afetando empresas e pessoas, atinge igualmente as instituições que atuam em educação executiva. A atratividade do negócio acaba naturalmente gerando muitos entrantes. Aumento de demanda, bem como de oferta, acaba fazendo as instituições competirem entre si por clientes, docentes capazes e programas com conteúdos que interessem à clientela. E, como toda atividade empresarial, sujeita-se aos altos e baixos do mercado. Havendo flutuações na demanda por educação executiva, quando essa se reduz, acirra-se a competição entre as instituições.

No mundo da educação executiva, como em outras atividades, a competição não exclui a cooperação. Isso faz que muitas instituições se unam para oferecer programas conjuntos ou em parceria. Estas podem congregar instituições de um mesmo país, mas são freqüentes entre instituições de diversos países. Isso adiciona, para a clientela do topo do mercado, diferenciais interessantes. Programas que unem instituições da Europa, América do Norte, Ásia e América Latina têm sido particularmente charmosos para combinar com a temática da globalização. Ao ter como clientes/alunos pessoas de vários países e nacionalidades, as perspectivas para o aumento da rede de relacionamentos aumenta, tornando-se um fator de maior atratividade para os programas.

E a educação executiva, como parte da *management industry*, vai realizando todas as ligações com editoras, revistas e produtores de vídeos e DVDs como integrantes da lista de produtos que se oferecem. Como sempre acontece no mercado, haverá oferta enquanto existir demanda e a demanda poderá ser também sustentada por novas e interessantes ofertas.

capítulo 4

A Pesquisa em Administração

O ensino consiste majoritariamente na transmissão de conhecimentos adquiridos e acumulados em determinada área de conhecimento. A pesquisa é geradora ou produtora de conhecimento. Ambos devem preferivelmente combinar-se, para que o ensino transmita à comunidade o conhecimento que vai sendo adquirido por meio da pesquisa. A área de administração, desde seus primeiros passos, associou ambos. Os trabalhos pioneiros do engenheiro norte-americano Frederick W. Taylor eram baseados em pesquisas aplicadas, que hoje seriam considerados quase experimentos. Seus trabalhos sobre tempos e movimentos, em que se buscava saber exatamente o que seria um dia "adequado" de trabalho (*fair day's work*) principiavam, pela observação do que um operário fazia. Em seguida, analisavam-se as observações e passava-se à prescrição, ou seja, aquilo que deveria de fato ser realizado pelo operário durante a jornada de trabalho e que teria como remuneração o salário. Sabidamente, o sistema taylorista preparava o caminho para que o operário excedesse o que produziria no *fair day's work* e obtivesse um bônus, que seria o grande motivador para aumentos em produtividade e redução de custos. Assim, Taylor, de maneira resumida e simplificada, acabou por dar início ao *efficiency management*.

O ensino de administração iniciou-se no país na década de 1950, com conteúdos e professores estrangeiros. Uma vez que a administração, como já assinalado, foi em grande medida uma criação norte-americana, não é de estranhar que os cursos fossem baseados em textos e casos produzidos nos Estados Unidos, que retratavam necessariamente experiências e problemas daquele país. Desde o início, percebeu-se a conveniência e até mesmo a necessidade de que se tivessem materiais para o ensino que espelhassem a realidade brasileira. Isso se fez sentir primeiramente com relação aos casos utilizados em sala de aula para ensino e treinamento de executivos.

Dessa forma, surgiram as primeiras manifestações para que também se associassem, nas escolas e faculdades de administração, a pesquisa e o ensino. A escola de administração da Fundação Getulio Vargas, em São Paulo, fundada em 1954, já iniciava um núcleo de pesquisas e publicações nos primórdios da década de 1960. Além de trabalhos de pesquisa, o referido núcleo iniciou a publicação da *Revista de Administração de Empresas* (RAE), ainda hoje em circulação, e o mais antigo periódico brasileiro dedicado à administração no âmbito empresarial. A *Revista do Serviço Público* (RSP) remonta ainda ao Estado Novo, sendo contemporânea à criação do Departamento Administrativo do Serviço Público (Dasp).

Todavia, o aumento de importância e a intensificação das atividades de pesquisa em administração no país só ocorreram quando se institucionalizou a pós-graduação *stricto sensu*. Isso se deve ao próprio modelo de pós-graduação adotado pelo antigo Conselho Federal de Educação (CFE), que proclama a inseparabilidade da pesquisa e do ensino. O modelo que nos chegou através dos Estados Unidos, na verdade, não pertence a um modelo universitário originariamente norte-americano. A *graduate school* da universidade norte-americana é a reprodução da *Hochschule* alemã, originada na Universidade de Berlim no início do século

XIX, quando Berlim era a capital do Reino da Prússia. No modelo universitário prussiano, havia as diversas escolas e departamentos que preparavam para o exercício das várias profissões. Contudo, a pós-graduação era um caminho diverso. Não se tratava de preparar as pessoas necessariamente para o exercício profissional, mas para pesquisar e publicar, e também para assegurar a reprodução no tempo da instituição universitária, já que os pós-graduados se tornariam professores universitários e pesquisadores.

O modelo prussiano, via Estados Unidos, aporta no Brasil e serve para formatar nossa pós-graduação, particularmente o *stricto sensu*. Mestres e doutores devem ser treinados em pesquisa e formar os quadros docentes da universidade. E os cursos não devem estruturar-se em função de áreas ou de disciplinas específicas, e sim em torno de *linhas de pesquisa*. Se for fato que nossa pós-graduação teve marca pesada do MBA norte-americano e, conseqüentemente, se estruturou ao redor das áreas funcionais de administração, gradativamente o modelo adotado pelo CFE foi se impondo e atualmente se encontra, aparentemente, em fase final de consolidação. Embora disciplinas de áreas funcionais continuem sendo ensinadas em programas de mestrado e doutorado, elas são entendidas como instrumentos conceituais e como instrumentais para que se possam aplicar às linhas de pesquisa. O julgamento e a avaliação dos programas vêm-se realizando em função das linhas de pesquisa, suas consistências e produtividades respectivas.

Foi apenas no final da década de 1990 que a Capes, agência governamental responsável, entre outras coisas, pelo estabelecimento de critérios e pela avaliação dos programas de mestrado e doutorado, acabou aplicando os critérios de avaliação, vigentes para todas as demais áreas, também à administração. Até então, ainda eram mais lenientemente adotados pelos programas de administração. O resultado foi o imediato fortalecimento de linhas de pesquisa e o redirecionamento de programas.

Levou a uma separação mais nítida entre programas acadêmicos, ou seja, voltados à formação de professores e pesquisadores, e de programas profissionais. Embora na maioria dos programas ainda estejam presentes os dois grupos, acadêmicos e profissionais, a tendência é que essa separação vá se tornando cada vez mais efetiva. Isso implicará no aumento do número e na importância de programas de mestrado profissionais.

O sistema de avaliação da Capes atribui importância decisiva à pesquisa que resulte em publicações. Ainda que o sistema de avaliação pontue docência, orientação de mestrandos e doutorandos e diversas outras atividades, o maior peso tem se concentrado em publicações que resultem de pesquisas, em princípio conduzidas em conformidade com as linhas de pesquisa, e nas publicações resultantes em periódicos acreditados.

O periódico acreditado pelo sistema de avaliação é de formato científico, diverso do que seria uma revista profissional ou uma revista de informações, mais de tipo jornalístico. Uma publicação científica adota padrões de avaliação do material submetido para publicação por avaliadores que desconhecem os autores do material. Os avaliadores têm igualmente suas identidades mantidas em sigilo pela editoria do periódico. Normalmente, o material recebido pode ser liminarmente rejeitado ou prosseguir no processo de avaliação e aprimoramento. Nesse caso, há troca de críticas, comentários e sugestões entre avaliadores e autores, com a intermediação do editor do periódico, até que se tenha um texto considerado publicável. Não é incomum que anos transcorram entre a submissão e a publicação. Também não é incomum que o texto que se publica seja uma terceira ou quarta versão do texto originalmente submetido.

A avaliação de um programa de pós-graduação *stricto sensu* pontuará não só a produção científica dos docentes, mas também dos discentes. Dessa forma, se estimula e obriga-se que discentes publiquem por si sós ou em co-autoria com professores dos programas. Há áreas em que a co-autoria de professores e alunos não é aceita. Não é o caso da administração, na qual se publica um número razoável de trabalhos em co-autoria.

O enlace entre pesquisa, ensino e pós-graduação *stricto sensu* explica o aumento da produção científica na última década. Para fechar o círculo dos fatores que contribuíram para a expansão da pesquisa e das publicações em administração nos últimos dez anos, é necessário fazer entrar em cena a Associação Nacional de Pós-graduação e Pesquisa em Administração (Anpad), criada há quase 30 anos, por ocasião do lançamento do I Plano Nacional de Pós-Graduação (PNPG).

Se a Capes teve papel inicialmente normativo, quando estabeleceu os critérios que norteariam a pós-graduação no País, posteriormente passou a ter papel coercitivo, na medida em que avaliava os programas, e, dependendo da avaliação obtida, o programa poderia ser descredenciado, com todas as conseqüências que o descredenciamento acarreta em um país como o Brasil. Isso implica a impossibilidade de acesso a recursos federais para pesquisa e apoio e a impossibilidade de registrar no MEC os diplomas emitidos. Equivale a uma sentença de morte para o programa. Seguese um período de permanência no limbo, até que passe por uma reformulação para obter autorização para voltar a funcionar, se reintegrando ao ciclo de avaliações periódicas pela Capes.

A Anpad é uma associação, nos termos da legislação brasileira, que tem como associados os programas de pós-graduação *stricto sensu* do país. O importante papel que a Anpad vem desempenhando no universo da pesquisa entre nós liga-se à pontuação dos trabalhos apresentados nos encontros anuais da associação, chamados Enanpads. A pontuação significa que os trabalhos submetidos, se aprovados para apresentação em forma de painéis ou de outras maneiras durante o encontro, angariam pontos para seus autores. Esses pontos são computados para a avaliação dos autores enquanto docentes de programas de pós-graduação *stricto sensu*, e, conseqüentemente, também para os programas. Isso alimenta um círculo virtuoso no qual a Anpad tem sua importância aumentada por criar um espaço para a apresentação da produção científica e, por conseguinte, a produção científica é estimulada por ter na associação um espaço adequado para se apresentar.

A Anpad organiza seus encontros seguindo os procedimentos usuais da comunidade científica. Trabalhos submetidos são avaliados segundo as normas da comunidade, por meio de avaliação anônima (*blind review*), em que os avaliadores desconhecem os autores e estes tomam conhecimento da avaliação sem saber quem os avaliou, quer os trabalhos tenham sido aprovados, quer rejeitados para apresentação nos encontros. O número de trabalhos submetidos ao Enanpad cresceu vertiginosamente a partir da segunda metade da década de 1990, coincidindo com as alterações nos critérios da Capes, que passaram a valorizar mais publicações produzidas nas linhas de pesquisa dos programas de pós-graduação. A seguir, podem ser encontrados dados sobre trabalhos submetidos e aprovados para os Enanpads de 1997 até 2005 (Tabela 4.1).

Tabela 4.1 Trabalhos submetidos e aprovados para os Enanpads – 1997-2005

Ano	Trabalhos submetidos	Trabalhos Aprovados
1997	787	220
1998	807	250
1999	893	270
2000	1.300	363
2001	1.385	428
2002	1.991	556
2003	2.332	638
2004	3.073	787
2005	3.020	794

Diferentemente de outras áreas, a administração pontua apresentações em encontros e congressos. A maioria das áreas, e exatamente as de maior prestígio e densidade científica, como as ciências exatas, biológicas e as demais ciências sociais, há muito deixou de pontuar os docentes e programas por apresentarem trabalhos em encontros e congressos. Isso se fez na área de administração, a fim de estimular a pesquisa e a resultante produção científica, em uma área reconhecidamente carente de maior densidade científica. Mas não será possível manter por muito mais tempo a pontuação de trabalhos em congressos e encontros, para que a área de administração se equipare em termos de práticas às demais áreas de conhecimento.

FINANCIAMENTO DA PESQUISA

A necessidade da pesquisa nos obriga a passar a outra questão. Quem paga por ela? Várias respostas podem ser dadas a essa pergunta e as experiências de diversos países indicam alguns caminhos para cobrir os gastos com pesquisa. O assunto passou a merecer a atenção de autoridades governamentais a partir de meados do século XX. Foi quando se percebeu que pesquisa era conhecimento e este é uma forma de poder e controle. Estava consolidada a ligação entre pesquisa científica e poder. A política científica passava a ser parte do universo do poder e da política.

No Brasil, desde a década de 1950 uma fonte importante para financiamento da pesquisa e do desenvolvimento tecnológico foi o Conselho Nacional de Desenvolvimento Científico e Tecnológico (CNPq), que passou a financiar projetos de pesquisa, como até hoje o faz, e também a concessão de bolsas no exterior, para que se formassem mestres e doutores. Essas atividades sofreram alterações, porém, hoje, o CNPq ainda é uma agência decisiva no apoio ao pesquisador individual, não só financiando projetos, mas ainda dando sustentação a programas de aprimoramento e intercâmbio com outros países, ao conceder bolsas de pós-douto rado. Em nível federal, a Capes e a Financiadora de Estudos Projetos (Finep) também devem ser mencionadas. A primeira por ser ainda a fonte prioritária para bolsas de doutorado e mes trado, tanto no país como no exterior. A segunda, por ter apoiad no passado decididamente a implantação da pós-graduação *stricl sensu* no Brasil, quando, por meio do Programa Nacional de Tre namento de Executivos (PNTE), auxiliou alguns programas qu iniciaram os de mestrado acadêmico na década de 1970, imple mentando o Plano Nacional de Pós-Graduação (PNPG).

Uma organização consensualmente mencionada como un sucesso no fomento à pesquisa é a Fundação de Amparo à Pes quisa do Estado de São Paulo (Fapesp), criada no início da déca da de 1960. Sua atuação se restringe ao estado de São Paulo, ma seu sucesso e prestígio com a comunidade científica fizeram qu sua imagem positiva transcendesse as fronteiras do estado e s tornasse um modelo nacional. Diversos estados, dentre eles Minas Gerais, Rio de Janeiro e Rio Grande do Sul, criaram orga nizações similares.

Outras fontes de recursos para a pesquisa podem ser as pró prias IES, que acabam alocando uma parte das despesas de cus teio para financiar a pesquisa da pós-graduação. Isso acontece com IES privadas. As IES públicas, tanto federais como esta duais, recorrem simultaneamente às agências federais e estaduais A destinação de recursos de IES privadas para a realização d pesquisa é ainda prática bastante restrita. Nas poucas institui ções em que ocorre, é porque programas *stricto sensu* existem, a fim de permitir uma avaliação satisfatória da instituição, o que implica produção científica. Isso as leva a contratar professores titulados e a vinculá-los aos programas *stricto sensu* com obriga ção de pesquisarem e publicarem.

Ainda restam fontes internacionais e privadas nacionais. As primeiras não têm direcionado recursos para pesquisas sobre administração, especialmente quando o objeto da pesquisa envolve empresas do setor privado. No Terceiro Mundo, as políticas das fundações internacionais, especialmente as norte-americanas, se pautam pelo que é considerado "politicamente correto". Assim, recursos vão para organizações do terceiro setor que lidam com questões sociais julgadas relevantes pelas fundações financiadoras. Há muito não se tem notícia de recursos de fundações internacionais para financiamento de pesquisas abrangendo empresas privadas. Há mais facilidade, em princípio, para se obter recursos para pesquisas na ampla área de políticas públicas (*public policy*), abrangendo não só organizações não-governamentais como também órgãos da administração pública.

O setor privado nacional é uma fonte esporádica de recursos para a pesquisa, especialmente a de natureza acadêmica. Quando é pesquisa aplicada e direcionada para questões que possam interessar imediatamente às empresas, as probabilidades de obtenção de recursos aumentam. Mas, de maneira geral, empresas brasileiras não possuem como prática administrativa destinar recursos para pesquisa. Quando um pesquisador ou uma IES tem um tema que acredita possa ser financiado por empresa privada, o que se faz é negociar isoladamente o projeto. Algumas empresas criaram fundações, ou outras formas de pessoas jurídicas, a fim de gerir projetos ligados ao desempenho da responsabilidade social da empresa. Entretanto, essas organizações, diretamente vinculadas a empresas, têm manifestado interesse em financiar projetos que controlam inteiramente e que são de sua própria iniciativa. Como se percebe, empresas privadas nacionais não têm sido, até o momento, propriamente uma fonte de recursos para a pesquisa em administração. Podem ser eventuais parceiros, mas apenas esporadicamente e em função de projetos que sejam bastante específicos.

CONTEÚDOS E TEMAS DA PESQUISA

A comunidade científica de administração debruçou-se sobre o conteúdo do que se produziu, refletindo, criticando e analisando a atividade que acabou por se incorporar à própria pesquisa. Dessa forma, encontramos trabalhos reflexivos e descritivos sobre a pesquisa em administração no país desde a década de 1980 e que prosseguem até o momento atual. Na medida em que boa parte dessa pesquisa é apresentada nos Encontros Anuais da Anpad, os anais do encontro se tornaram uma boa fonte de dados. Como os anais passaram a ser distribuídos eletronicamente a partir de 1997, a produção científica da área disponibilizou-se rápida e facilmente.

O que se deve esperar da pesquisa em administração? Que ela permita conhecer melhor a realidade administrativa brasileira é uma resposta. Outras respostas poderiam ser adiantadas, como verificar até que ponto o que se faz aqui é dotado de alguma originalidade e se afasta das teorias predominantes (*mainstream*), que vêm de outros países, especialmente dos Estados Unidos. Ou seria a de que a pesquisa tivesse aplicações na prática administrativa, auxiliando na melhoria da qualidade da administração em nosso país. Outras respostas ainda se voltarão aos aspectos críticos da administração e para a verificação das conseqüências para a teoria e a prática da administração ver a realidade a partir da perspectiva dos administradores e raramente dos administrados.

Essas respostas indicam que muitas abordagens se abrem ao pesquisador e que a agenda da pesquisa pode ser muito ampla. Se quisermos ver a administração como parte da tradição científica das ciências exatas e biológicas, a expectativa com relação à pesquisa implicaria as seguintes etapas: formulação de hipóteses a partir de determinado referencial teórico, teste das hipóteses por um cotejo com a realidade empírica, negação ou confirmação das hipóteses, acréscimo ao referencial teórico.

Como essas ciências se voltam para entender seu objeto de conhecimento, controlá-lo com vistas à intervenção, segue-se que o conhecimento científico deve desaguar em sua aplicação sob a forma de tecnologias. Em síntese, o conhecimento, gerado pela pesquisa deve, senão imediatamente pelo menos remotamente, contemplar sua aplicação pela geração de tecnologias. Foi a partir desse modelo de ciência, chamada ciência moderna, que se originou a partir do século XVI, que o Ocidente se tornou parte diferenciada da humanidade, controlando e intervindo no mundo das coisas e produzindo as imensas transformações que vêm marcando a história humana durante os quatro ou cinco séculos denominados, hoje, período da modernidade.

Os conteúdos e orientações da pesquisa em administração no país indicam traços que não a aproximam do modelo das ciências exatas e biológicas. Os trabalhos de Bertero et al. (1998), Machado da Silva et al. (1990), Bertero e Keinert (1994) e Vergara e Carvalho Jr. (1995), ao rever e avaliar a produção científica em administração no país, encontraram as seguintes características:

Orientada academicamente. Exatamente o inverso do que se esperaria de uma área que adotasse o paradigma das ciências exatas e biológicas. Na verdade, o academismo indica uma separação entre escola e organizações (empresas, organizações sociais e organizações da administração pública). É uma das manifestações do distanciamento entre a escola e a preparação para o exercício profissional. Não se limita à administração, podendo também ser encontrada na lacuna existente entre outras escolas profissionais e o exercício das profissões respectivas. A pesquisa é gerada na academia para consumo da própria academia. Ela assim se auto-alimenta, freqüentemente, não a partir da experiência e da realidade *extramuros,* mas de trabalhos realizados na própria academia. Isso indica ausência da pesquisa aplicada. Falta, conseqüentemente, o enfoque gerencialista, no qual se busca pesquisar aquilo que possa auxiliar o gestor ou o consultor no exercício profissional.

Teorias, autores e modelos estrangeiros. As teorias que servem como referencial para nossa produção científica, bem como autores e modelos, vêm de outras tradições, principalmente a norte-americana. Isso não deve causar estranheza. De um lado, porque a administração, enquanto *management*, sendo, até o momento, questão predominantemente norte-americana, faz que teorias, autores e modelos gerados nos Estados Unidos tendam a se reproduzir na produção científica quase universalmente. Se lançarmos à produção científica da Europa e da América Latina o mesmo olhar que os autores anteriormente citados dedicaram à produção científica brasileira, veremos que a mesma tendência lá se repete. De outro lado, temos de reconhecer que o Brasil não foi, até o momento, gerador de teorias nas ciências sociais, nas quais se encontra a maioria dos referenciais teóricos usados pela administração, que é considerada uma ciência social aplicada. Há poucas contribuições teóricas brasileiras a registrar em sociologia, psicologia, antropologia, economia etc.

Tendência epistemologizante. A epistemologia é a parte da filosofia que trata do conhecimento. Questões epistemológicas clássicas dizem respeito à natureza do conhecimento, à questão da verdade e da falsidade, aos limites do conhecimento, suas origens, e mais modernamente aos modelos de ciência. Na segunda metade do século XX, Thomas Kuhn (1970) escreveu seu hoje clássico texto sobre as revoluções científicas, em que enuncia seu conceito de paradigma que lhe serve como elemento explicativo de diversas coisas. De particular interesse é a relação entre paradigmas e o processo de acumulação de conhecimento com que se busca explicar o triunfo ou fracasso de certos modelos ou teorias científicas. O impacto do texto de Kuhn e sua influência foram grandes. Chegou à área de administração e foi utilizado em outro clássico, o livro de Gibson Burrell e Gareth Morgan (1979), para ordenar e criticar as várias teorias sobre organizações.

Quando se atribui à produção científica brasileira o traço de espistemologizante, se quer dizer que todas as questões tratadas pela epistemologia são estendidas à área de administração. Particularmente marcante, além do trabalho de Burrell e Morgan e dos paradigmas de Kuhn, é a constante repetição de que o conhecimento é socialmente construído. É uma referência e marca a adoção pelos autores do texto de Peter Berger e Thomas Luckmann (1966). Os textos na linha epistemológica adotam geralmente a forma de ensaio. Não utilizam metodologias empíricas nem tampouco coletam dados ou empregam dados secundários. É um trabalho de tipo reflexivo, que tem adotado com freqüência uma postura crítica com relação às teorias e práticas administrativas.

Alguns exemplos desse tipo de produção científica podem ser encontrados na classificação da produção brasileira em termos dos quadrantes desenvolvidos por Burrell e Morgan (1979). Segundo Machado da Silva (1990), a maioria, cerca de 80%, da produção científica por ele analisada seria do tipo funcionalista, enquanto apenas 20% ficariam para os três paradigmas restantes. É ainda observado que pouco se tem produzido na linha do interpretacionismo e do humanismo radical. Depois do funcionalismo, o segundo lugar ficaria, mas muito reduzidamente, para trabalhos que se nutrem de um referencial marxista.

O predomínio do funcionalismo está em conformidade com o que se produz internacionalmente, ou seja, o *mainstream* foi e continua funcionalista, a despeito de críticas e dos esforços para desenvolver alternativas, especialmente na linha do humanismo radical e do interpretacionismo. Isso se explica pelo fato de serem os Estados Unidos a origem da maior parcela da produção científica em administração e pela pouca adesão de acadêmicos daquele país aos paradigmas alternativos. O que lá se tem observado é um grande prestígio do institucionalismo e neo-institucionalismo, teorias de origem econômica e a influência da biologia evolutiva sob a forma da ecologia populacional de organizações. Acadêmicos brasileiros têm, também, adotado essas teorias, especialmente o institucionalismo, que atualmente é o principal referencial teórico utilizado em estudos organizacionais.

Traços do humanismo radical podem ser encontrados nos trabalhos ligados a recursos humanos, gestão de pessoas e comportamento organizacional. Temas passíveis de uma abordagem humanista radical são qualidade de vida no trabalho, interface entre o indivíduo e a organização, conciliação ou conflito entre a vida profissional e a vida privada ou familiar, os significados do trabalho, questões éticas no relacionamento entre atores organizacionais (questões de assédio moral e sexual). A adoção de um referencial humanista radical carrega implicitamente uma postura crítica.

A produção científica brasileira caracterizou-se por ter autores de importância que poderiam ser enquadrados, *avant la lettre*, no que atualmente se chama *critical management studies*. Nomes como Alberto Guerreiro Ramos, Maurício Tragtenberg e Fernando Claudio Prestes Motta, hoje clássicos-pioneiros, usaram vários referenciais críticos desde os socialistas utópicos, passando por Marx, os aspectos críticos mais sombrios de Max Weber, chegando a Foucault e aos pós-modernos. Prestes Motta incluiu no final de sua obra uma utilização não ortodoxa do freudismo e da psicanálise, conferindo-lhe um matiz crítico. É importante assinalar que esses autores continuam influenciando até hoje muitos acadêmicos da área de organizações.

O marxismo foi um paradigma importante no Brasil para a formação de toda uma geração de cientistas sociais. Seu foco de irradiação foi o Departamento de Ciências Sociais da Universidade de São Paulo, onde Florestan Fernandes, Octavio Ianni e Fernando Henrique Cardoso ensinaram, pesquisaram e publicaram. Esses três acadêmicos brasileiros atingiram a internacionaização não só pela publicação de suas obras no exterior, mas pelo fato de ter exercido a docência em universidades européias, norte-americanas e em outros países da América Latina.

A importância do marxismo no Brasil foi tal que chegou a ser credencial indispensável para quem aspirasse a uma carreira na academia. Embora ainda influente, passou a sofrer a concorrência de outras tendências. Além do desprestígio ocasionado pela associação do marxismo com as experiências fracassadas do socialismo de tipo leninista/stalinista, há que adicionar o aparecimento de críticos do modelo soviético, que na França surgem já na década de 1960. Há a figura imponente de Michel Foucault com todas as marcas que sua genialidade propiciou e ainda propicia. Depois, tivemos toda a onda de pós-modernos que acabaram como alternativa a acadêmicos brasileiros de uma nova geração.

O marxismo influenciou diversos autores no passado e hoje encontra ainda expressões importantes como José Henrique de Faria (2004), autor de uma obra de notável consistência. A referência ao marxismo como componente importante dessa tradição epistemologizante de nossa produção científica é necessária não apenas pelo fato de ter produzido no passado trabalhos importantes, e sim porque, sendo um clássico do pensamento ocidental, não se pode associá-lo necessariamente a experiências que fizeram uso de sua doutrina, mas que enfrentaram as vicissitudes inerentes a todo experimento. Seria como banir ou recusar importância ao pensamento de Aristóteles pelo fato de seu nome ter se vinculado a um uso decadente da escolástica no início da modernidade.

Reduzida aplicabilidade. Foi observado que as ciências exatas e biológicas têm um modelo no qual a aplicabilidade, iminente ou remota, nunca deixa de integrar o universo da pesquisa. Não é o que vem acontecendo com a pesquisa em administração no país. Como se depreende do academismo e do caráter epistemologizante, falta relação com a prática, ou seja, com o processo de gestão e com os problemas enfrentados no exercício da profissão por executivos e consultores.

Aqui nos encontramos novamente diante de uma característica que não é peculiar da produção científica brasileira. A separação entre teoria e prática, ou entre uma pesquisa que se encerra em si mesma, na qual o diálogo se passa entre acadêmicos em encontros, congressos e especialmente por meio dos periódicos acreditados ou científicos, e o mundo da prática, onde profissionais de administração enfrentam os problemas típicos da gestão de organizações públicas ou privadas, se deu há bastante tempo. Essa separação pode ser detectada nos periódicos chamados científicos e os profissionais. No mundo da administração dos negócios, a *Harvard Business Review* é o exemplo mais antigo e prestigiado de uma publicação voltada a profissionais. Periódicos como o *Strategic Management Journal*, o *Administrative Science Quarterly*, o *Journal of Finance* ou o *Journal of Marketing* não encontram leitores entre profissionais. O emblemático sinal de ruptura está na Academy of Management que publica a *Academy of Management Review*, o *Academy of Management Journal* e o *Academy of Management Executive*. No Brasil, a separação deu-se há pouco tempo, quando a Fundação Getulio Vargas passou a publicar a *GV Executivo*, voltada aos profissionais de administração, em adição à *Revista de Administração de Empresas* (RAE), voltada ao público acadêmico.

A produção científica inclui relatos sobre experiências de consultoria, necessariamente consideradas bem-sucedidas pelos autores, que poderiam eventualmente ser replicadas em outras organizações que enfrentassem problemática semelhante. Mas esses relatos têm quase sempre as características de caso, e são de difícil generalização. Na verdade, isso se distancia bastante da aplicabilidade como entendida nas ciências biológicas. A perspectiva gerencialista não tem estado presente na pesquisa em nosso país.

Metodologias preferivelmente qualitativas. As metodologias quantitativas, ou seja, aquelas que fazem uso de procedimentos estatísticos para tratamento dos dados, utilizando análise multivariada, se firmaram na segunda metade do século XX. Procedimentos estatísticos simples, como os que fazem uso de medidas de tendência central e que atuavam na curva normal eram utilizados há mais tempo. Porém, o uso do computador facilitou muito os cálculos e procedimentos, impossíveis de ser realizados em razão do imenso trabalho requerido para que os cálculos fossem feitos manualmente. Estes passaram a exigir segundos, alguns minutos, quando realizados por computador. Se os grandes *mainframes* localizados nos antigo CPDs produziram grandes alterações, as maiores ainda estavam por chegar quando da difusão dos PCs.

Enlaçado com a computação, há também um treinamento mais adequado dos pesquisadores em matemática e estatística. Essas competências, que eram no passado vistas como opção do pesquisador, tornaram-se obrigatórias. Se a origem dessa metodologia, que utiliza instrumentos quantitativos, foram os Estados Unidos, atualmente ela se disseminou na academia de praticamente todos os países. Os trabalhos publicados nos periódicos de nível internacional são predominantemente quantitativos. Até se pode afirmar que a metodologia tornou-se tirana, porque boas idéias e bons projetos, se não forem conduzidos quantitativamente, têm poucas chances de conseguir publicação.

Nesse contexto, a maioria dos pesquisadores brasileiros não se encontra em situação confortável. A nossa formação escolar apoiou-se durante muito tempo na dicotomia qualitativo/quantitativo. Basta recordar as divisões entre colégio clássico (qualitativo) e científico (quantitativo). Ou as divisões atuais de humanas, exatas e biológicas. A escolha que é proposta ao educando é estudar, ou não, mais detidamente matemática e posteriormente estatística. Pressupõe-se também que as ciências humanas sejam qualitativas, enquanto as biológicas e exatas exigem o domínio do quantitativo. Como tudo isso não faz mais sentido nos dias atuais, já que o quantitativo e o qualitativo se mesclam, quando se trata de pesquisa metodologicamente sofisticada o acadêmico brasileiro acaba entrando em cena com sérias deficiências de formação quantitativa.

Essas deficiências se refletem em nossa produção científica, predominantemente qualitativa. Áreas como marketing, organizações e estratégia permanecem, ainda, majoritariamente qualitativas em suas metodologias. Apenas recentemente, começamos a ter trabalhos com maior sofisticação metodológica quantitativa, realizados por acadêmicos mais jovens, que talvez tenham escapado à falsa dicotomia quali/quanti.

Não se trata de banir o qualitativo como anacrônico e cientificamente inferior. Nem se realiza o elogio da quantidade em si. Há excelentes e péssimos trabalhos, tanto qualitativos como quantitativos. É simplesmente reconhecer que o quantitativo se manifestou como uma linguagem. A economia, dentre as ciências sociais, é a que melhor ilustra essa colocação. Quando Marshall decisivamente colocou a teoria econômica na via quantitativa, não estava enunciando novas teorias, e sim colocando em linguagem matemática a teoria econômica clássica.

Outra razão para que nos preocupemos com a aquisição de competências em análise quantitativa é que elas geraram um produto que pode ser concluído com relativa facilidade, uma vez atendidas as duas principais exigências: dominar o instrumental quantitativo e ter à disposição do pesquisador excelentes bancos de dados. Satisfeitas essas condições, verificamos que se criam verdadeiras fábricas de trabalhos científicos. É como se a linha de montagem finalmente tivesse se instalado na academia. Há que reconhecer que bons trabalhos qualitativos demandam muito mais tempo e são menos controláveis pelo pesquisador, resultando em menor produção o que é uma desvantagem no mundo do "publicar ou perecer".

Proliferação dos estudos de caso. É bastante elevado o percentual da produção científica brasileira em forma de casos. Interessante notar que não se restringe a uma ou outra área. É geral. Em organizações, gestão de pessoas, finanças, marketing, logística, operações, o que temos são preferivelmente estudos de caso. A que se deve tal fato e que apreciações podem ser feitas a respeito de uma produção científica com tantos estudos de caso?

A administração tem nas suas origens muitos estudos de caso. Estudos de caso são clássicos da literatura administrativa, como o trabalho da equipe de George Elton Mayo na fábrica da Western Electric (Roethlisberger e Dickson, 1939) na década de 1930. Ou o trabalho de Philip Selznick (1949) sobre a Tennessee Valey Authority, ou os trabalhos de Alvin Gouldner (1954) sobre mudança organizacional e de Lipset et al. (1956) sobre governança sindical. Internacionalmente, os estudos de caso tenderam a perder importância. Isso pelo fato de se ter adotado outros modelos de pesquisa. A hegemonia de metodologias baseadas no neopositivismo lógico levou a análises comparadas de empresas ou organizações. Essa tendência se consolidou nas décadas de 1960 e 1970 e prossegue até nossos dias, com a quantificação apoiada em grandes bancos de dados. Isso não ocorreu apenas na administração, mas é uma tendência encontrada nas diversas ciências sociais.

A pesquisa brasileira contém, ainda, muitos estudos de caso por diversas razões. A primeira é que o pesquisador brasileiro, como já indicado, não é, de maneira geral, adequadamente treinado em metodologias quantitativas, necessárias à realização de análises comparadas. Em segundo lugar, há escassez de bancos de dados. Nos Estados Unidos, esses bancos se acumulam celeremente, propiciando dados para as diversas ciências sociais, e especificamente para a pesquisa sobre empresas. Basta tomar os exemplos da National Organization for Research and Computing (Norc), com base na Universidade de Chicago, o World

Value Survey (WVS), localizado na University of Michigan e as séries publicadas pela Standard and Poors com registros de décadas de dados contábeis e financeiros de empresas listadas na New York Stock Exchanges (Nyse). Esses bancos no Brasil, quando existem, são mais reduzidos e limitados, e os pesquisadores interessados nesse tipo de pesquisa devem trabalhar para sua montagem. Em terceiro lugar, há o regime de dedicação aos cursos de boa parte de nossos mestrandos e doutorandos. Relativamente poucos alunos, até o momento, são integralmente dedicados aos programas. A maioria mantém vínculos empregatícios e outras atividades, que exercem simultaneamente com as obrigações dos cursos. Isso acaba limitando seriamente o tempo disponível. Coletar dados acaba sempre demandando tempo e envolve custos. O resultado é que muitas teses e dissertações acabam sendo estudos do caso com o qual o autor está familiarizado. Não raramente estuda a organização em que trabalha ou à qual esteve associado como consultor.

Isolamento da realidade internacional. A pesquisa brasileira, ainda que tenha crescido muito na última década e continue a se expandir, permanece separada da produção mundial. Isso encontra diversas explicações. Em primeiro lugar, o fato de ser redigida exclusivamente em português, uma língua que, embora falada por razoável número de pessoas, não chega a ser uma língua de cultura. Entende-se por língua de cultura aquela que é apreendida independentemente do interesse que se possa ter pela cultura dos povos que a falam. É o caso do inglês atualmente. Não se aprende inglês por se estar necessariamente interessado na cultura e na literatura dos povos de língua inglesa, mas simplesmente porque, enquanto língua de cultura, o inglês propicia acesso a conhecimentos quase universais, na medida em que boa parte do que é considerado relevante acaba traduzido para esse idioma. O português só interessaria àqueles que querem conhecer as culturas e literaturas dos povos que o falam. Infelizmente, não há grande interesse atualmente por esses povos.

A única maneira de inserir nossa produção científica internacionalmente seria colocá-la em línguas que tenham maior curso internacional, especialmente o inglês. Isso é rotineiramente feito por povos que falam línguas que também não são consideradas veículos de cultura. Bom exemplo são as línguas escandinavas. A produção daqueles países é veiculada quase sempre em inglês e em mais uma ou duas línguas européias. Com freqüência, o alemão e o francês.

Raras são ainda as parcerias de nossos programas de pós-graduação com universidades e programas estrangeiros que resultem em projetos conjuntos de pesquisa. A Capes tem reservado as avaliações superiores, as que atualmente merecem notas 6 e 7, a programas que tenham inserção internacional. Fatos que indicam essa inserção são publicações em revistas internacionais, docentes estrangeiros ensinando no programa, docentes do programa lecionado em programas no exterior e intercâmbio de alunos de pós-graduação nos dois sentidos.

A barreira lingüística, o caráter local dos assuntos pesquisados, a falta de originalidade teórica, o relativo anacronismo metodológico nos levam a um claro isolamento. Nossa produção só circula entre nós próprios. Não é citada internacionalmente. Em conseqüência, é mínimo o "impacto", ou seja, a influência que a produção científica brasileira exerce no universo da administração.

Finalizando, alertamos que boa parte das críticas e das limitações aqui feitas à pesquisa em administração no Brasil pode ser aplicada também a outros países, inclusive aos grandes centros da América do Norte e da Europa Ocidental. Isso deve servir para que, constatadas as dificuldades da pesquisa e de seu relacionamento com o ensino e especialmente com a prática (aplicação dos conhecimentos), se busquem direcionamentos. Na realidade, mesmo se aceitarmos sem restrições o modelo germânico, aqui chegado por intermédio dos Estados Unidos, de unidade de ensino e pesquisa na pós-graduação *stricto sensu*, veremos que ainda não conseguimos realizar a integração. O que se pesquisa não é suficientemente utilizado como conteúdo dos cursos, e estes continuam a repetir conteúdos que não são gerados por nossas pesquisas.

capítulo 5

Conclusão e Perspectivas

A importância que o ensino e a pesquisa, especialmente o primeiro, assumiram no país justificam que tentemos avaliar o itinerário até o momento percorrido e ainda vislumbrar as perspectivas e possíveis cursos a serem corrigidos. Com relação ao ensino, a primeira constatação é o tamanho, ou seja, o número de matrículas na graduação. Não só em termos absolutos, aproximadamente 600 mil e cerca de 15% de todas as matrículas, se considerarmos um total de 4 milhões de matrículas no terceiro grau. E há que considerar que o futuro da educação universitária em nosso país é necessariamente de expansão. Quando comparamos nossos percentuais de matrículas com os de outros países, ficamos em situação desvantajosa, não somente com relação a países de Primeiro Mundo, mas infelizmente também com relação a outros países, como o Chile, Argentina e o México.

O DESAFIO DA EXPANSÃO

A fim de poder inserir-se na "sociedade do conhecimento", o país tem ainda muito a caminhar. Quando comparado não só com o de países desenvolvidos, mas, mesmo com o dos emergentes, nosso desempenho não é brilhante e longe estamos de poder ombrear até mesmo com alguns países da América Latina. A expansão coloca-se no nível da graduação, bem como da pós-graduação, e estão intimamente ligadas. Na verdade, é problemática a expansão das matrículas na graduação se não houver docentes capacitados.

Dado o pequeno número de matrículas na graduação brasileira, ao redor de 2,2% da população, constatamos que a universidade ainda é uma realidade remota e inacessível para a maioria dos brasileiros. Se considerarmos apenas a faixa etária de pessoas que poderiam estar cursando o terceiro grau, verificamos que apenas 14% estão matriculados. A saber, de uma população de 25,2 milhões de habitantes na faixa etária entre 17 e 23 anos, apenas 4,0 milhões estão matriculados. Alguns dados que sirvam para posicionar o Brasil internacionalmente mostram que nos Estados Unidos o percentual é de 65% e na Suécia chega a 85%. Na América Latina, Chile e Argentina têm percentuais ao redor de 45%. Diante desses números e porcentagens, não é de estranhar que se fale em dobrar no médio prazo o número de matrículas no terceiro grau no país. Independentemente das barreiras com que essas metas esbarram, dado o modelo de educação universitária existente aqui, é interessante trabalhar com a hipótese da expansão para vermos que repercussões traria para a área de administração.

O obstáculo liminar é o preço da educação universitária. As classes alta e média alta já estão na universidade há muito tempo. Atualmente, a expansão teria de atingir necessariamente a classe média baixa e a classe baixa. A educação superior no país é paga. Importante destacar que, do conjunto de 1.859 instituições de educação superior, 1.652, ou seja, 88,9% são privadas. Esse percentual, segundo dados do World Education Indicators, coloca o sistema de educação superior brasileiro entre os mais privatizados do mundo, atrás apenas de alguns poucos países. Aproximadamente 75% das vagas estão em IES privadas. Considerando o perfil de distribuição de renda existente, constata-se que as taxas escolares não são compatíveis com o nível de renda da parcela da população que é objeto da expansão.

A Tabela 5.1, a seguir, mostra os números das matrículas na graduação por turno. É possível observar, a partir dos dados, marcantes contradições: primeiro, a educação superior, que é majoritariamente noturna, é também essencialmente privada e paga; segundo, nas universidades públicas o maior número de matrículas ocorre no turno diurno. Sendo assim, verifica-se que a principal oportunidade de acesso à educação superior para o aluno trabalhador, isto é, para o aluno de baixa renda, encontra-se no ensino pago.

Tabela 5.1 Número de matrículas por turno e categoria administrativa – Brasil, 2003

Turno	Público	Privado	Total
Diurno	729.675	887.443	1.617.118
Noturno	407.444	1.863.209	2.270.653
Total	1.137.119	2.750.652	3.887.771

Fonte: Deaes/Inep/MEC.

Todavia, trabalhemos com a hipótese de que o número de matrículas seja dobrado até 2010. Teríamos, então, 8,0 milhões de brasileiros cursando o ensino superior, o que representaria cerca de 1,2 milhão de matriculados em cursos de administração, caso seja mantido o mesmo percentual, ou seja, administração com aproximadamente 15% do total de matrículas, que é o que temos atualmente.

Para podermos enfrentar o desafio da expansão, serão necessários professores, de preferência devidamente titulados e treinados, para que se possa adentrar o próximo desafio – o da qualidade. Segundo dados constantes do I Plano Nacional de

Pós-Graduação (PNPG) 2005/2010, titularam-se, em 2003, 1.062 mestres e 87 doutores em administração. As projeções para o ano de 2010 trabalham com três cenários. Para titulação de mestres, o primeiro cenário indica 2.326; o segundo, 2.080; e o terceiro, 1.866. Para a titulação de doutores, o primeiro cenário projeta 182; o segundo, 164; e o terceiro, 149.

Se compararmos esses dados da área de administração com a média do que ocorre na educação superior em nosso país, veremos que os resultados são decepcionantes e preocupantes. Havia no país, de acordo com o último Censo da Educação Superior, 254.153 professores universitários para um total de 4 milhões de matrículas. Discriminando essa população por titulação, temos o seguinte:

Titulação	Número	Percentual
Doutores	54.487	21,4%
Mestres	89.288	35,3%
Especialização e graduação	110.378	43,3%

Se aplicarmos a mesma relação existente para a quantidade e titulação de professores do ensino superior brasileiro à área de administração, teríamos, para um total de aproximadamente 560 mil matrículas, cerca de 35.582 professores. A inferência feita a partir da média leva ao seguinte:

Titulação	Número	Percentual
Doutores	7.614	21,4%
Mestres	12.560	35,3%
Especialização e graduação	15.408	43,3%

Os dados fornecidos pela Capes, para a área de administração, indicam que entre 1998 e 2003 titularam-se no país 4.667 mestres, 389 doutores e, para o mestrado profissional, 880. Não estamos considerando os dados anteriores a 1997 porque tiveram menor significado quantitativo, visto que o número de programas era menor e também o de titulados por programa. Desde o início da pós-graduação *stricto sensu* em administração até o final do século passado, as taxas de evasão, designação reservada àqueles que deixavam os programas sem redigir e defender a tese, era elevada.

Essas considerações mostram que a expansão, além da barreira da renda dos estudantes potenciais para arcar com os custos de uma educação privatizada, enfrenta a barreira da falta de docentes qualificados. Os dados e inferências indicam que possivelmente o corpo docente atuando em programas de graduação em administração no país tem uma capacitação inferior à média do que ocorre na educação de terceiro grau.

O DESAFIO DA QUALIDADE

A questão da qualidade do ensino superior brasileiro é de problemática aferição. A única tentativa sistemática adotada pelas autoridades federais foi o Exame Nacional de Cursos (Provão), posteriormente alterado e substituído pelo Sistema Nacional de Avaliação do Ensino Superior (Sinaes), que, tendo sido adotado recentemente, ainda não produziu resultados. Há avaliações do ensino básico brasileiro, feito por organizações internacionais e que apontam para um baixíssimo nível de qualidade. Há quem arrisque afirmar que o país não teria mais que 30% de sua população alfabetizada. O restante seria constituído por analfabetos ou analfabetos funcionais, que incluiriam a maioria dos considerados alfabetizados pelas estatísticas oficiais. Com essa base, seria problemático um salto de qualidade no terceiro grau.

O número de matrículas em nossos cursos revela que se trata de um programa que tem baixa seletividade, ou seja, a relação entre o número de candidatos nos vestibulares e as vagas existentes. Como o vestibular não é um processo de habilitação, mas de classificação, a probabilidade é de que os cursos de administração estejam entre os que admitem os egressos do segundo grau com escolaridade mais baixa.

A maioria desses cursos acontece em período noturno, nos quais alunos e boa parte dos professores já enfrentaram uma jornada plena de trabalho e cujas energias, necessariamente limitadas, já foram em parte consumidas. Restam poucas horas para estudos, discussões em grupo e tarefas que devem ser realizadas fora de sala de aula. Isso limita seriamente o que pode ser apreendido, e coloca nossos formandos em posição de inferioridade com relação aos que estudam em condições mais favoráveis em outros países. A própria noção, disseminada entre nós, de que estudar é freqüentar aulas, deixando de realizar tudo o que é necessário para o aprendizado fora da sala de aula, contribui para uma qualidade problemática. Afinal, não se trata de estudantes, no sentido estrito do termo, mas de trabalhadores que vão às aulas.

As informações anteriores, sobre o perfil dos docentes, indicam que sua titulação se encontra possivelmente abaixo da média do corpo docente de terceiro grau. A maioria dos professores, ensinando em cursos de administração, atua em um regime de trabalho que não chega a torná-los acadêmicos de profissão. A remuneração é feita predominantemente por hora de aula efetivamente ministrada. Assim, o docente é pago apenas pelas horas que permanece em sala de aula. Preparação, atualização, correção de trabalhos e orientação de alunos não são objeto de remuneração na maioria dos casos. Infere-se que essas tarefas, essenciais a um ensino de boa qualidade, são realizadas de maneira igualmente precária.

O DESAFIO DA INCORPORAÇÃO DE NOVAS TECNOLOGIAS DE INSTRUÇÃO

A tecnologia de informação a partir da década de 1960, mas especialmente a partir da introdução da microinformática, invadiu todos os espaços de nossas vidas. Isso se aplica tanto ao mundo organizacional como à nossa vida privada. O computador pessoal dissemina-se a partir da década de 1990, juntamente com a Web. A educação vem sendo igualmente transformada pela TI. Seu uso inclui o ensino virtual, o ensino em sala de aula, o desenvolvimento de trabalhos escolares que demandem pesquisas e levantamento de informações. Todas essas coisas que, em passado recente, exigiam grandes equipes ou eram simplesmente irrealizáveis, hoje podem ser obtidas com uma seqüência de cliques. Mas, para que isso seja possível, são necessários investimentos em equipamentos (hardware) e softwares. Os alunos devem chegar ao terceiro grau já familiarizados com a tecnologia de informação.

As condições de trabalho de professores e alunos e as instalações da maioria dos cursos de graduação em administração mostram que ainda estamos longe de uma generalização do uso de TI no ensino e na pesquisa de administração. Somente os programas mais elitizados é que disponibilizam tecnologias modernas a seus docentes e discentes. O país ainda exibe percentuais modestos de acesso à Internet. Computadores ligados à rede, especialmente com banda larga, só atingem parte reduzida de nossa população. Porém, o aprimoramento do ensino só será possível com a disseminação dessas tecnologias.

O DESAFIO DA PROFISSIONALIZAÇÃO – REDIRECIONANDO O CURRÍCULO DOS CURSOS DE GRADUAÇÃO

O número de matrículas em nossos cursos de graduação em administração serve como testemunho da difusão da área e de sua importância para a sociedade. No entanto, leva a que nos preocupemos com a utilidade desses cursos para o efetivo exercício da profissão de administrador. Pois a própria expansão, atingindo aproximadamente 15% das matrículas no terceiro grau, acabou por descaracterizar os objetivos de um curso que deve ser profissionalizante. A maioria dos alunos que termina a graduação não exercerá atividades de administradores. Serão certamente mais bem treinados e preparados, mesmo com as lacunas de qualidade de nosso sistema educacional, e estarão mais informados ao final do curso. Entretanto, não serão administradores no sentido próprio do termo. Exercerão diversas atividades, contribuirão para a sociedade e aumentarão suas probabilidades de inserção no mercado de trabalho e na estrutura ocupacional do país.

Embora as classificações profissionais de agências governamentais apontem para grande número de posições em administração, se descermos à descrição das ocupações listadas, veremos que não são posições administrativas como aquelas, na estrutura ocupacional da sociedade e das organizações, que desempenhem as tarefas clássicas e tradicionalmente atribuídas a administradores – coisas como tomar decisões no interior de organizações, deliberando sobre objetivos e estratégias, planejando, controlando e possuindo competências que permitam o trânsito entre organizações privadas, públicas e hoje do terceiro setor. Os empregos de administração são, na verdade, empregos para executores e poucos para executivos.

É necessário reconhecer que a estrutura ocupacional da sociedade conduz à inevitável estratificação. A maioria dos programas de administração deverá formar executores. Pessoas competentes que conheçam instrumentos e técnicas de gestão. Mas não necessariamente executivos. Aqui estarão os ocupantes das posições de cúpula que também preencherão os estratos gerenciais das empresas. Ainda poderiam ser incluídos os que ocupam posições importantes em organizações públicas, tanto na administração direta como na indireta. Toma-se como referência o que se poderia chamar *senior civil servants*, ou, no caso brasileiro, pessoas que ocupam em nossa administração pública federal os cargos de administração superior.

Portanto, é necessário que, no rumo da profissionalização, cada curso tenha claramente definidos os seus objetivos em função do alunado e dos docentes que nele trabalham. Nada adiantaria tentar desenvolver cursos para executivos em milhares de cursos de graduação. Não haveria nem alunos nem docentes com as qualificações e aspirações para tal tarefa. E, igualmente, os programas de formação de executivos devem procurar pautar suas ações, seus currículos e suas técnicas de instrução, adequando-os ao tipo de profissional que desejam formar.

Atualmente, a legislação é mais flexível do que foi no passado. Tivemos, durante longo tempo, uma tradição centralizadora na administração de currículos no Brasil. Desde os tempos em que o MEC definia conteúdos para todo o território nacional até os currículos mínimos estabelecidos pelo extinto Conselho Federal de Educação (CFE). As escolas e programas devem aproveitar essa liberdade que hoje existe para fugir à padronização. Cursos de graduação em administração são necessariamente estratificados. Pois a sociedade o é e porque a estrutura ocupacional também. Considerando com realismo essa estratificação, os programas devem definir sua inserção e o tipo de profissional que pretendem formar. Isso certamente contribuirá para que tenhamos em administração cursos de fato profissionalizantes, tanto para uma minoria, que ocuparia posições mais elevadas, como para a grande maioria, que preencheria centenas de milhares e até milhões de posições em organizações em todo o país.

A QUESTÃO DA ÉTICA E DA RESPONSABILIDADE SOCIAL

O mínimo que se pode dizer da profissão de administrador é ela ser eticamente sensível. As competências técnicas, as habilidades sociais, interpessoais e de comunicação não podem suprir a falta de ética no comportamento administrativo. Embora se possa razoavelmente supor que questões éticas sempre envolveram administradores, apenas recentemente passou-se a dedicar atenção aos desvios éticos. As razões podem ser encontradas em todos os setores em que administradores atuam. Os escândalos empresariais que se manifestaram a partir da década de 1980, com fraudes contábeis que beneficiavam minorias acarretando danos a clientes, à maioria dos acionistas e à sociedade em geral. No entanto, os indícios persistentes são de que a administração pública é um foco privilegiado de corrupção. E mesmo o terceiro setor, no qual estariam as organizações sociais, não parece imune a eventos que mostram desvios éticos e inconsistências entre discurso e prática.

Nos Estados Unidos, não faltaram críticos que observaram que, em boa parte dos escândalos envolvendo grandes empresas, se encontravam portadores de MBAs de universidades de prestígio daquele país. Ora, por que na formação de administradores não se privilegia a formação ética? Que não se limite ao saber diferenciar o que é ético daquilo que não o é. Mas especialmente que se pratique o que é ético.

Na verdade, a questão do que é ético esbarra em enormes dificuldades em uma época na qual o absolutismo ético deixou de existir para a maioria das pessoas. O relativismo abre a porta para que se possam justificar comportamentos com base na relatividade dos valores éticos em função de diversidades culturais. Pode-se dizer que as condições do trabalho feminino em certos países asiáticos são consideradas imorais por padrões da sociedade ocidental, porém isso não ocorre naquelas culturas. Ainda nessa linha, poder-se-ia dizer que o trabalho infantil é visto como não ético na sociedade ocidental, mas não é esse o caso em muitas culturas asiáticas a africanas. Conseqüentemente, não devemos procurar "impor" nossos valores a outras culturas. Não se pode acatar esse tipo de justificativa com a alegação do relativismo sem incorrermos em sérios riscos de desvios éticos. São argumentos que atendem mais à conveniência de empresas e seus administradores.

Em meio ao relativismo ético que implica não poder invocar fundamentação metafísica ou teológica para os valores éticos, ficamos com aquilo que é um legado precioso da cultura ocidental, a cultura da cidadania. Uma ética convencionada e apoiada na cultura da cidadania é um excelente começo e pode propiciar bons parâmetros para se tratar a questão, formando e esclarecendo administradores para o enfrentamento de dilemas éticos que, inevitavelmente, se colocam no exercício da profissão.

DESAFIOS À PESQUISA

Como tratamos dos desafios para a educação em administração, consideremos, agora, quais seriam os desafios a enfrentar para a pesquisa em administração. Anteriormente, já foram feitas várias críticas aos rumos da pesquisa. Vejamos, a seguir, algumas recomendações.

A busca da relevância. O desenvolvimento do que Kuhn chamou "ciência normal" trouxe inegáveis avanços para a ciência. Todavia, acabou também por criar algumas armadilhas em que é fácil cair. Uma delas é que se pesquise apenas para o atendimento de demandas ligadas à carreira do pesquisador e à aquisição e manutenção do prestígio da IES, segundo critérios calcados exatamente na concepção "normal" de ciência. Nessas condições, a pesquisa pode enclausurar-se em tópicos de preocupação exclusiva da comunidade científica atuando em um universo de "ciência normal". A elegância na redação e o rigor metodológico não conseguem substituir a relevância. O que se deve apontar, afinal, como relevante? Dois pontos são fundamentais. Um deles é que a pesquisa procure avançar o conhecimento, seja pela confirmação, seja pela negação de hipóteses e teorias. Outra, que mantenha alguma relação com a prática da administração. Não se pode nunca omitir da pesquisa em administração que ela é uma área plicada. O pesquisador, embora não imediatamente, mas mesmo com certo recuo crítico, deve manter sempre um vínculo com o exercício da profissão de administrador. Trata-se de uma profissão social, na qual os deveres se estendem necessariamente além das fronteiras da comunidade científica e dos muros da universidade. Se tomarmos o exemplo de outras áreas aplicadas, como a medicina, constatar-se-á que o paciente, a clínica e os procedimentos terapêuticos nunca deixam de ser o pano de fundo da pesquisa.

A busca da aplicabilidade e a aproximação com a prática. Nosso país parece ainda não estar inteiramente desperto para as necessidades de uma administração de qualidade e dos benefícios que traria ao Brasil. O setor privado, por sua própria natureza, é mais propenso a melhor administração que o público. Embora essa seja uma afirmação polêmica, nos permitimos fazê-la, com base na evidência de que, se uma empresa privada é mal gerida, sua própria sobrevivência é mais rapidamente posta em questão. Concordatas, falências ou simples desaparecimento por meio de aquisição ou encerramento de atividades acabam por selar seu destino.

No setor público, esses desdobramentos drásticos raramente ocorrem, ou, se ocorrerem, serão a prazo bem mais longo. Afinal, o contribuinte permanece como sustentador cativo da ineficiência do setor público. Há uma disseminada impressão em nosso país de que, no setor público, não só gastamos muito, aproximadamente 36% do PIB, mas mal. A produtividade ou eficiência dos recursos (financeiros, humanos, tecnológicos e físicos) é baixa. Ora, isso traz enormes danos à sociedade como um todo e, sem dúvida, é um dos entraves ao desenvolvimento econômico, fundamental para um país ainda pobre.

A pesquisa aplicada, que lide com a complexa problemática do exercício da administração, certamente muito poderia auxiliar e equacionar os problemas administrativos com propostas concretas de solução. Embora a Harvard Business School seja freqüentemente criticada em círculos acadêmicos de administração, não há dúvida de que seu compromisso com a aplicação é seu traço fundamental, que explica boa parte de seu sucesso. As diversas linhas de pesquisa que se desenvolveram naquela escola ao longo de décadas nunca deixaram de ter em conta a relevância e a aplicabilidade para o profissional de administração. Não se trata apenas de explicar a realidade, mas de buscar meios de torná-la administrativamente mais significativa, levando à melhoria do desempenho dos administradores e à qualidade da administração.

Não se pode negar que o Brasil necessita com urgência de administração de melhor qualidade. Houve avanços, na última década, em termos de condução das finanças públicas, como a redução substancial das taxas de inflação e maior responsabilidade na gestão das finanças públicas. Essas mudanças foram consubstanciadas em leis sobre o orçamento e a responsabilidade fiscal. Todavia, permanecem incompletas, sem que se tenha uma boa aplicação dos recursos obtidos por meio de impostos. Em síntese, a responsabilidade fiscal e a lisura na execução orçamentária só se completam com uma administração de boa qualidade. Essas falhas e necessidades de aprimoramento de nossas práticas administrativas devem inspirar linhas de pesquisa de administração entre nós. Seria talvez uma forma oportuna de "tropicalização" de uma área que muitas vezes se autocritica sobre a própria alienação.

A busca da originalidade. Que a pesquisa não seja uma repetição de temas e tópicos já exaustivamente versados. Não se trata de menosprezar a réplica. Ela pode ser útil e às vezes necessária. Mas um bom número de pesquisas tende à repetição do óbvio. O leitor deve ser surpreendido, em uma pesquisa realmente original, ao se deparar com a negação de "verdades" estabelecidas e com a confirmação de coisas pouco prováveis. A surpresa pode ainda resultar da abordagem de uma dimensão esquecida ou pouco estudada. Na verdade, poucas pesquisas são originais. Isso não ocorre apenas com a produção científica brasileira, mas é um fenômeno mundial. Se percorrermos o que se publica nas revistas internacionais, consideradas de tipo A, ou seja, as de maior prestígio e as que demandam maior rigor para que o material submetido seja finalmente publicado, verificaremos a mesma falta de originalidade. O que se faz sentir no fato de que novas idéias freqüentemente não se fazem presentes nessas revistas, mas em periódicos que não são necessariamente os mais reputados da área.

A busca da originalidade não é um empreendimento que termine necessariamente em sucesso. Poucas pessoas têm algo a dizer e um cruel realismo nos leva a constatar que a maioria das pessoas nada de novo tem a dizer durante suas vidas. A real originalidade é um traço da genialidade, e por isso de poucos. Porém, há níveis e graus de originalidade e não é despropositado sugerir-se que, mesmo os que não são geniais, ou seja, a quase totalidade dos pesquisadores, evite os lugares-comuns e as trilhas seguras que garantem aceitação e publicação.

Quando se trata de originalidade, surge inevitavelmente a questão da reprodução de teorias e paradigmas oriundos de outras culturas diante das singularidades de nossa realidade. É a questão de desenvolver concepções, práticas e teorias brasileiras de administração. O tema permanece em aberto. Há os que defendem a posição de que a singularidade brasileira se manifesta também em um estilo próprio de administrar. Há os que acreditam que a administração brasileira, embora tenha conteúdos locais, não chega a ser suficientemente diversa a ponto de demandar o abandono de teorias desenvolvidas em outros países para que seja entendida.

Aprimoramento metodológico e maior rigor. Já se observaram as dificuldades que pesquisadores brasileiros ainda enfrentam ao lidar com a diversidade de metodologias e instrumentos para a pesquisa. A elevada participação de estudos de caso na produção científica e a reduzida produção que faz uso de metodologias quantitativas. A produção brasileira é volumosa, tendo crescido especialmente na última década, mas sendo de pouco impacto e internacionalmente pouco conhecida, para não dizer quase inteiramente ignorada. A língua é certamente um obstáculo, pois pouco se escreve em inglês e poucas pessoas, fora dos países de língua portuguesa, conhecem nossa língua. Entretanto, a melhoria da qualidade é hoje o maior desafio à comunidade científica de administração em nosso país.

Inserção no mundo globalizado. Embora este seja um jargão atualmente repetido nos limites do cansaço, não vamos adentrar as polêmicas questões sobre seu significado e implicações. Vamos simplesmente nos ater a fatos evidentes e inegáveis. Os meios de comunicação e de transporte avançaram e transformaram o mundo em relativamente pouco tempo. Culturas, secularmente separadas e se desconhecendo, começaram a se conhecer melhor e a interagir com mais freqüência e profundidade. Idéias, produtos, serviços, tecnologias circulam com velocidade muito maior. A profissão de administrador passou a levar em conta essas transformações. As organizações se multinacionalizaram. Entenda-se por isso o fato de que, embora tenham suas sedes em um determinado país, suas operações atingem dezenas de outros. O administrador hoje, com freqüência, pode ter de enfrentar os desafios da expatriação para viabilizar a própria carreira.

Diante dessa realidade, o ensino e a pesquisa em administração devem estar atentos à dimensão internacional que a área necessariamente adquiriu e que deve ser incorporada aos currículos e às linhas de pesquisa. Internacionalização não pode e não deve ser entendida como capitulação ante teorias e práticas originadas em outros países e culturas. Ao nos internacionalizar, não estamos nos submetendo, não estamos nos diminuindo, mas simplesmente estamos nos integrando. A integração que se opera através da internacionalização deve ser vista como uma via de mão dupla. Não se trata apenas de adotarmos, ensinarmos e pesquisarmos o que foi gerado em outros países e culturas e julga-se oportuno e conveniente absorver. Mas também levar nossos conhecimentos, os resultados de nossa produção científica e as peculiaridades de nosso país e de nossas experiências aos demais. A internacionalização só pode ser entendida como amplo processo interativo de experiências culturais, teorias e práticas administrativas. Os currículos de administração devem estar abertos a enfrentar os desafios de inserir o Brasil de maneira favorável em um contexto internacional tendente à globalização.

Referências Bibliográficas

BARNARD, C. I. *The functions of the executive*. Cambridge, Mass: Harvard University Press, 1938.

BERGER, P. L.; LUCKMANN, T. *The social construction of reality*. Garden City, NY: Doubleday, 1966.

BERLE, A. A.; MEANS, G. C. T*he modern corporation and private property*. Nova York: Macmillan, 1932.

BERTERO, C. O.; KEINERT, T. M. M. A evolução da análise organizacional no Brasil. In: *Revista de Administração de Empresas*, v. 34, n. 3, p. 81-90, 1994.

BERTERO, C. O. et al. Critérios de avaliação de produção científica e administração no Brasil. São Paulo: Fundação Getúlio Vargas/ Escola de Administração de Empresas de São Paulo, Relatório de Pesquisa, 1998.

BURRELL, G.; MORGAN, G. *Sociological paradigms and organizational analysis*. Londres: Heinemann, 1979.

EBOLI, M. *Educação corporativa no Brasil – Mitos e verdades*. São Paulo: Gente, 2004.

FARIA, J. H. de. *Economia política do poder*. Curitiba: Juruá Editora, 2004 (3 volumes).

GORDON, R. A.; HOWELL, J. E. *Higher education for business*. Nova York: Columbia University Press, 1959.

GOULDNER, A. W. *Patterns of industrial bureaucracy*. Nova York: The Free Press, 1954.

KAPLAN, R. S; NORTON, D. P. The balanced scorecard-measures that drive performance. *Harvard Business Review*, v. 70, n. 1 p. 71-79, Jan.-Feb. 1992.

KAPLAN, R. S.; NORTON, D. P. *A estratégia em ação: balanced scorecard*. 4. ed. Rio de Janeiro: Campus, 1997.

KATZENBACH, J. R.; SMITH, D. K. *The wisdom of teams*. Nova York: Harper Collins Publishers, 1994.

KUHN, T. S. *The structure of scientific revolutions*. Chicago: University of Chicago Press, 1970.

LIPSET, S. M. et al. *Union democracy*. Glencoe, Ill.: The Free Press, 1956.

MACHADO DA SILVA, C. L. et al. Organizações: O estado da arte da produção acadêmica no Brasil. *Anais do 14º Enanpad*, v. 6. Belo Horizonte, 1990. p.11-28.

MINTZBERG, H.. *MBA? Não, obrigado – Uma visão crítica sobre a gestão e o desenvolvimento de gerentes*. Porto Alegre: Bookman, 2006.

PFEFFER, J.; FONG, C. T. The end of business schools? Less success than meets the eye. *Academy of Management Learning and Education* 1, n. 1. p. 78, 95, 2002.

ROETHLISBERGER, F. J.; DICKSON, W. J. *Management and the worker*. Cambridge, Mass: Harvard University Press, 1939.

SCHUMPETER, J. A. *The theory of economic development: an enquiry into profits, capital, credit, interest and the business cycle*. Cambridge, Mass: Harvard University Press. 1934.

SELZNICK, P. *TVA and the grass roots; a study in the sociology of formal organization*. Berkeley, CA: University of California Press, 1949.

VERGARA, S. C.; CARVALHO JR., D. S. Nacionalidade dos autores referenciados na literatura brasileira sobre organizações. *Anais do 19º Enanpad* (Organizações), p. 169-188, 1995.